ICH ZEICHNE DIR DAS EINFACH MAL!

Das Sketchnote-Arbeitsbuch für leichte Bildsprache in der Kita

Thomas Stenzel

Verlag an der Ruhr

Titel
Ich zeichne dir das einfach mal!
Das Sketchnote-Arbeitsbuch für leichte Bildsprache in der Kita

Autor
Thomas Stenzel

Umschlagmotive und Illustrationen im Innenteil
Thomas Stenzel

Druck
AZ Druck und Datentechnik GmbH, Kempten, DE

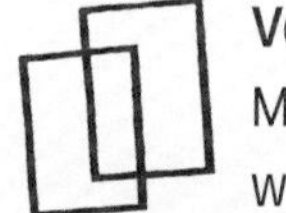

Verlag an der Ruhr
Mülheim an der Ruhr
www.verlagruhr.de

ISBN 978-3-8346-4405-3

INHALT

INHALT

AUFBAU DES BUCHES

Das Buch unterteilt sich in zwei Abschnitte.

WARUM SKETCHNOTES?

In **Teil A** werden Sie in die Bedeutung von Sketchnotes und der Bildsprache eingeführt. Zudem erfahren Sie, welche Grundelemente zum Zeichnen bereits ausreichen.

JETZT GEHT'S LOS!

In **Teil B** erfolgt die Umsetzung in die Praxis. Hier erleben Sie eine Fülle an Methoden und Möglichkeiten, die Ihnen zeigen, wie sich die Arbeit in Kindertagesstätten durch Bildsprache bereichern lässt.

TEIL

WARUM SKETCHNOTES?

Sprache ist das Tor zur Welt. Doch manchmal kommt Sprache an ihre Grenzen. Weil in einem Personenkreis nicht alle die gleiche Sprache sprechen, weil Kinder sprachverzögert sind oder auch, weil Sprache flüchtig sein kann.

Hier helfen Sketchnotes. Der Begriff kommt aus dem Englischen und setzt sich zusammen aus „sketch“ (Skizze) und „note“ (Notiz). Die bildhaften Notizen unterstützen dabei, Ideen, Emotionen oder auch Regeln zu visualisieren und so die Verständigung und Kommunikation untereinander zu verbessern.

1. DIE EINLADUNG

Lassen Sie sich zu einer Einstimmung einladen, bevor es mit diesem Buch so richtig losgeht:

SIE BENÖTIGEN:

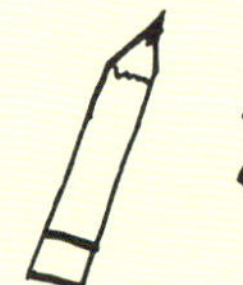

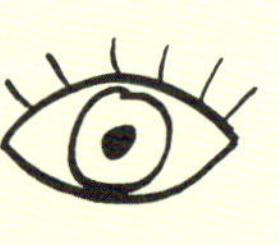

Auf der folgenden Seite sind typische Symbole aus der Alltagswelt dargestellt. Denn Sketchnotes sind für gewöhnlich eine Reihe von einfachen Symbolen. Probieren Sie es aus und zeichnen Sie einmal die folgenden Symbole anhand der angegebenen Schritte nach.

[1] Der Verlag an der Ruhr legt großen Wert auf eine geschlechtergerechte und inklusive Sprache. Daher nutzen wir das Gendersternchen, um sowohl männliche und weibliche als auch nichtbinäre Geschlechtsidentitäten einzuschließen.

An dieser Stelle können Sie sich eingestehen:
Sie können zeichnen!

Ein guter Einstieg in dieses Buch.

2. EINE ENTSCHEIDUNG ... FÜR DAS ZEICHNEN!

Die gute Nachricht ist:

JEDE*R KANN ZEICHNEN!

Es hängt davon ab, ob Sie sich (wieder) dafür entscheiden und somit eine elementare Ausdrucksform aufgeben oder beleben.

Mit der vorangegangenen Einstimmung haben Sie schon einmal das größte Hemmnis und Vorurteil gemeistert: „Ich kann nicht zeichnen!"

Ich habe noch einige Zeichnungen aus meiner Kinder(garten)zeit aufgehoben. Sie zeigen mir, dass ich einmal sehr viel gezeichnet und mich darin ausprobiert habe. Damals wie heute gehört es dazu, dass Kinder stolz ihre Werke vorzeigen und diese von Erwachsenen kommentiert und bewertet werden. In der Schule lernte ich dann, dass Zeichnen mit Können, Bemühungen und Benotung einhergeht. Für mein Interesse am Zeichnen war das eher nicht förderlich. Dadurch entschied ich mich innerlich gegen das Zeichnen. Viele Jahre später erfuhr ich in Workshops, dass „Zeichnen" von „Zeichen (-setzen)" kommt. Somit überwand ich die Hürde vom Nichtkönnen zum Wollen. Als ich dann noch meine negativen Glaubenssätze („Zu schwer!", „Ich kann das nicht!" ...) über Bord warf, war der Weg zum Ausprobieren frei. Und mit jedem Ausprobieren, Einsetzen und Verwenden erlebte ich die Vielfalt des Zeichnens als Ausdrucksmittel von Informationen, Ideen oder Emotionen. Noch heute sind die wesentlichen Kulturtechniken auf das Lesen, Schreiben und Rechnen reduziert. Dieses Buch soll dazu beitragen, dass Zeichnen weiter an Bedeutung gewinnt, sodass jede*r ganz selbstverständlich sagen kann: „Ja, ich kann zeichnen und ich mache es auch!"

Damit lassen sich auch neue Möglichkeiten in der Arbeit mit Kindern eröffnen, was mein Hauptanliegen für dieses Buch ist. Es hilft Ihnen, diesen Schatz zu heben und die folgenden Fragen zu beantworten:

WORUM GEHT'S?

WIE GEHT'S?

WOMIT GEHT'S?

FÜR WEN GEHT'S?

2. EINE ENTSCHEIDUNG ... FÜR DAS ZEICHNEN!

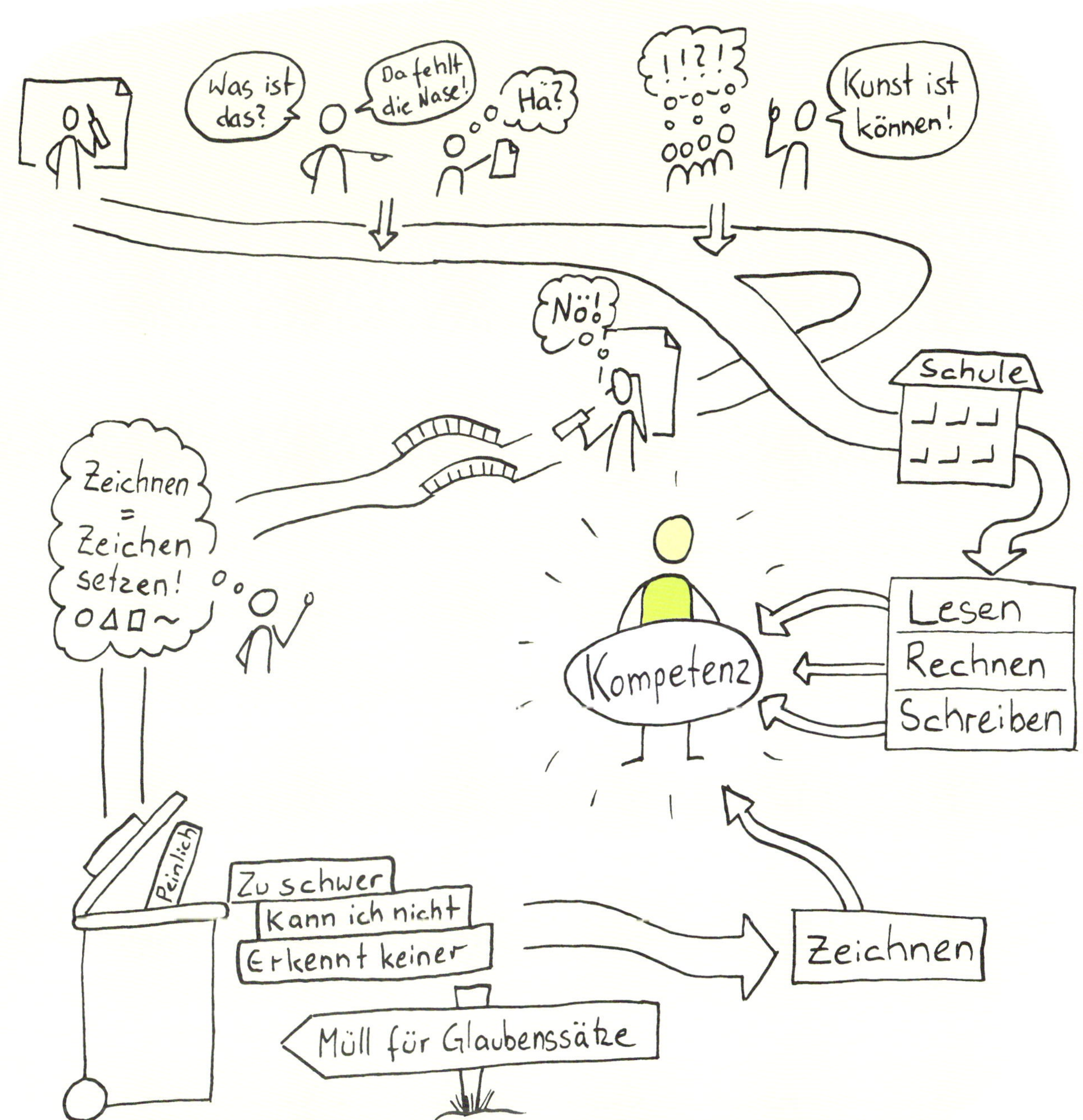

3. WAS SIND SKETCHNOTES?

Als Sketchnotes werden bildhafte Notizen bezeichnet. Statt in reine Worte werden Ideen in Skizzen, Zeichnungen oder Bilder verpackt. Das sieht nicht nur gut aus, sondern verhilft zu einer weiteren Möglichkeit, sich Dinge zu merken und zu verstehen. Dies ermöglicht auch eine bessere Kommunikation mit Menschen, die der deutschen (Schrift-)Sprache nicht mächtig sind. Sketchnotes sind schlicht, einprägsam, persönlich und immer wieder anders. Dass solche Zeichnungen schnell möglich sind, haben Sie auf den vorherigen Seiten gezeigt.

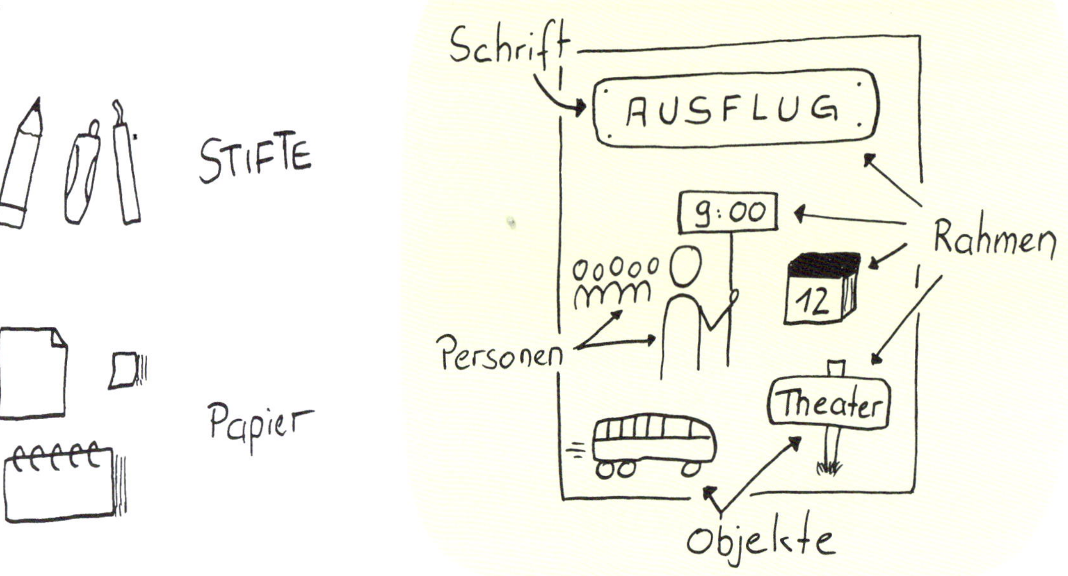

Sketchnotes sind schnell umsetzbar, benötigen wenig Material und sie bestehen aus einzelnen Elementen. Sie lassen Inhalte erkennen, wo Worte manchmal fehlen. **Objekte** geben der Sache ein Bild und sind das Herzstück von Sketchnotes. Zusätzliche **Schrift** verhilft den Zeichnungen zu einer besseren Aussage, wo es nötig erscheint. Hierbei genügen bereits einzelne Wörter, um eine Sketchnote verständlicher werden zu lassen. Die Schrift selbst kann dabei ebenso Aussagekraft besitzen. Zeichnen Sie viele **Personen** dazu, denn sie lassen jede Zeichnung im wahrsten Sinne „persönlicher" erscheinen. Und zuletzt macht ein Rahmen stets einen guten Eindruck und verhilft zu mehr Übersicht.

3. WAS SIND SKETCHNOTES?

Das Prinzip von Sketchnotes wird Sie auf den folgenden Seiten begleiten. Vorher noch ein kleiner Blick auf die Wahrnehmung und warum es dieses Buch gibt.
Unser Gehirn ist ein Wunderwerk, in dem sämtliche Sinneswahrnehmungen verarbeitet werden. Spannend ist die Bedeutung der Sinnhaftigkeit unseres Gehirns. Umso mehr Sinne an einer Information beteiligt sind, desto einprägsamer wird sie für unser Gehirn. Hierbei ist der Mensch ein „Augentier", denn über den Sehsinn wird ein Großteil der aufgenommenen Informationen an unser Gehirn weitergeleitet. Daher denken wir Menschen überwiegend in Bildern, machen uns mit ihnen eine Vorstellung und halten sie als Erinnerung fest. Für das Erkennen und Verstehen einer Information dienen Bilder einer schnelleren Verarbeitung und prägen sich somit besser ein.

ZUSAMMENSPIEL VON TEXT UND BILD

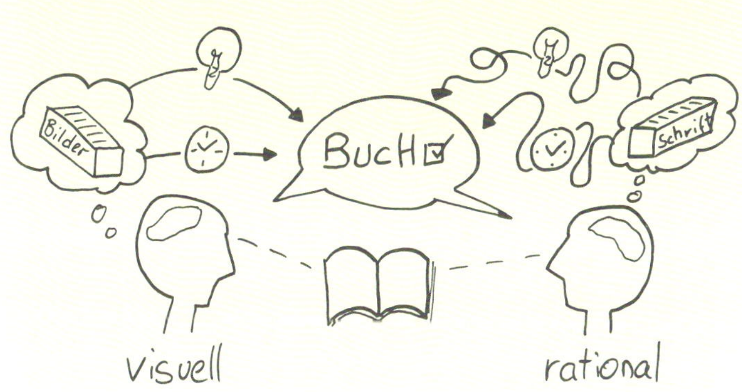

Anhand von Bildern, Zeichen und Bewegungen eine Kommunikation zu erkennen, ist Kindern „in die Wiege" gelegt worden, denn bereits Kleinkinder können Körpersprache identifizieren. Diese erste Form der visuellen Kommunikation entwickelt sich zunehmend auch für Kinder zu einer eigenen Sprache: der Bildsprache. In der pädagogischen Arbeit mit Kindern lässt sich daher die Bildsprache als weitere Kommunikationsform anwenden.
Das ist ein wesentliches Anliegen dieses Buches, denn Schriftsprache wird Kindern erst im Schulalter zugänglich gemacht. Befähigen Sie doch Kinder, diese Urform der Sprache bewusst anzuwenden! So helfen Sie ihnen, ein Stück weit mehr zu partizipieren und sich selbst ausdrücken zu können.

Sprachmöglichkeiten im Kindergarten:
- verbale Sprache (ja)
- Bildsprache (ja)
- Schriftsprache (nein)

4. ANLIEGEN DES BUCHES

Bildsprache ist vielfältig und lässt sich für allerlei Zwecke einsetzen. Auf dieser und den folgenden Seite erfahren Sie, weshalb es sich lohnt, mit Bildern zu arbeiten.

Vereinfachen

4. ANLIEGEN DES BUCHES

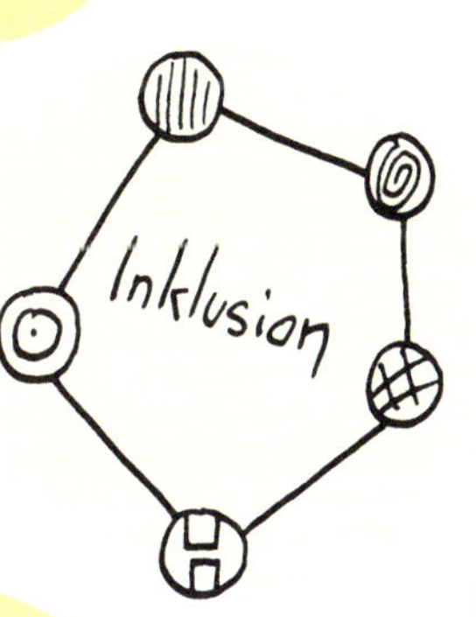

5. ZEICHEN SETZEN

Jede Zeichnung beginnt auf einfache Weise mit einer geometrischen Grundform, wie z. B. einem Kreis. Dieser allein kann schon die Bedeutung von Ball, Sonne, Kopf oder auch Erde haben. Mit dem Ergänzen weiterer Formen lassen sich auf einfache Weise die unterschiedlichsten Sketchnotes darstellen. Zeichnen Sie z. B. einen Kreis und schauen Sie, was passiert, wenn Sie ein Element hinzufügen: eine Schnur dazu – ein Ballon! Oder zwei Striche in die Mitte – eine Uhr! Das Aneinandersetzen der einfachen Formen ist schon das ganze Geheimnis der Sketchnotes. Versuchen Sie sich einmal an den nachfolgenden Grundformen und Ergänzungen.

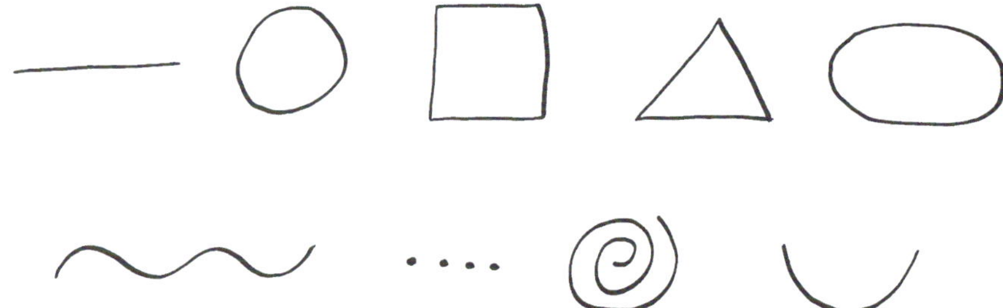

„ZEICHNEN MEINT ZEICHEN SETZEN."

5. ZEICHEN SETZEN

5. ZEICHEN SETZEN

Personen geben Zeichnungen Lebendigkeit, Persönlichkeit und wirken wie bildhafte Assistenten.

Wie viele Punkte braucht es, um ein Gesicht auszudrücken? Unser Gehirn kann automatisch die Fülle der Emotionen anhand weniger Punkte erkennen.

5. ZEICHEN SETZEN

Pfeile geben Orientierung, stellen Zusammenhänge her oder wollen einfach nur auf etwas aufmerksam machen.

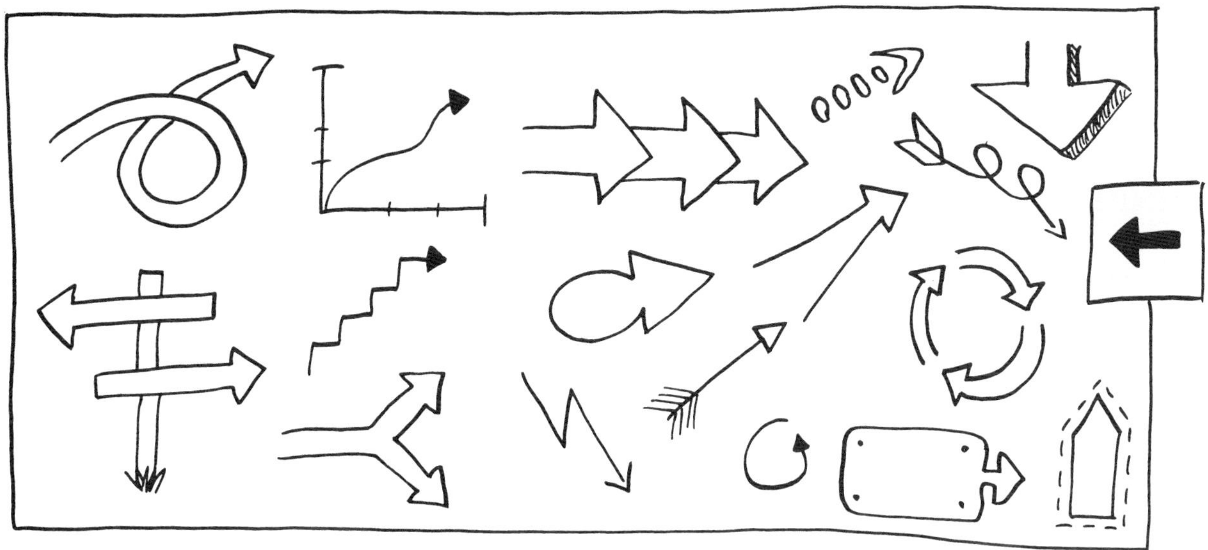

Ein guter Inhalt kann auch gerne eine Verpackung vertragen. Ein Rahmen schafft Orientierung und stellt ebenso einen Text auf originelle Weise in den Mittelpunkt.

6. IDEEN IN BILDER ÜBERSETZEN

Bilder lassen stets eine symbolische und eine ikonische Betrachtungsweise zu, weswegen Menschen das Gleiche in den Dingen sehen und doch Unterschiedliches erkennen.
Ikonische Symbole zeigen das, was sie auch darstellen. Eine Sonne ist eine Sonne, ein Stein ist ein Stein und ein Buch ist ein Buch.

Wir Menschen haben die große Fähigkeit, über den Tellerrand hinauszublicken. Deshalb sehen wir in Bildern auch mehr, als sie darstellen. Abstrakte Dinge, wie das Wort „Ausflug", müssen erst symbolhaft übertragen werden, damit eine Zeichnung entstehen kann. Da könnte z. B. ein Bus schon die Lösung sein.

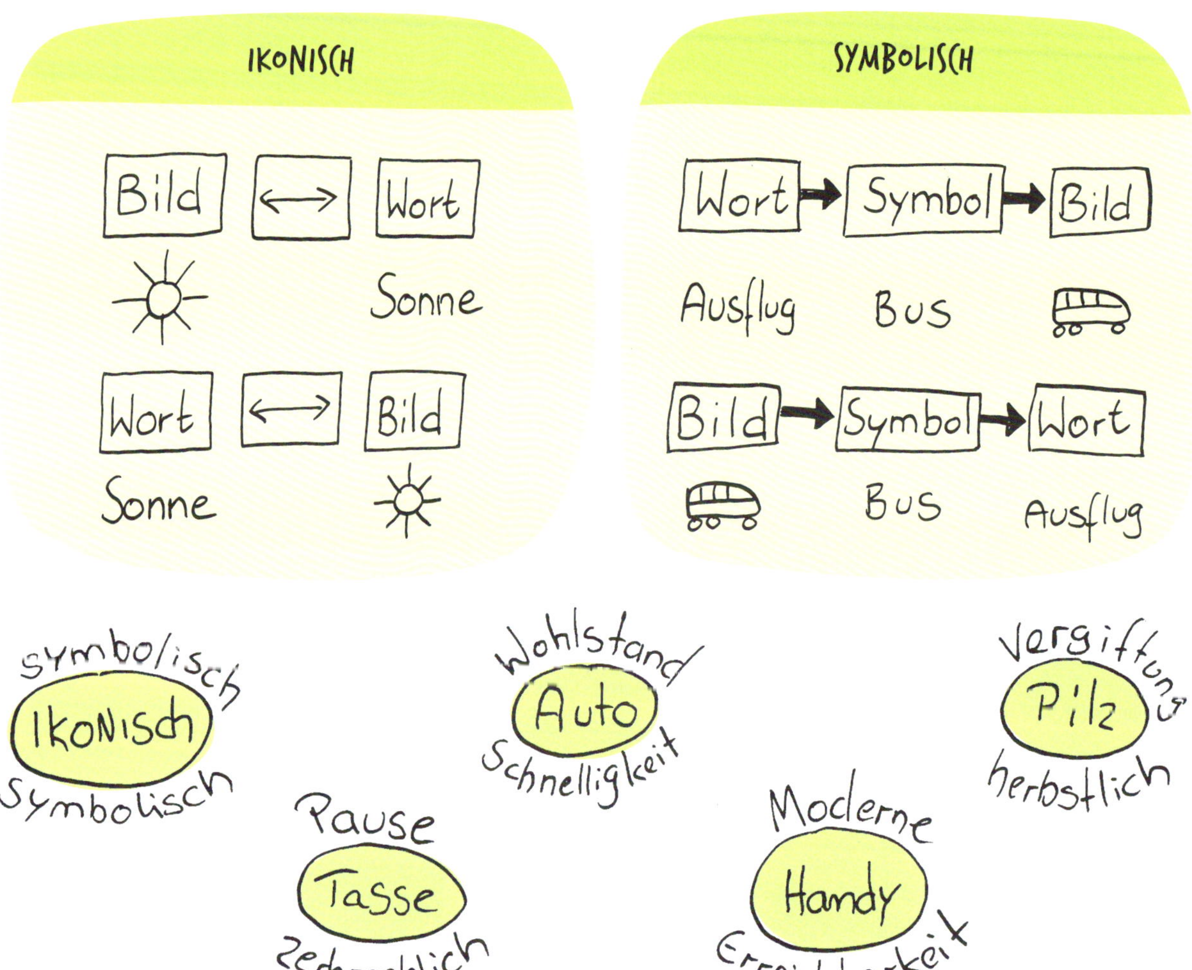

6. IDEEN IN BILDER ÜBERSETZEN

Genauso wie ein Wort Bilder in uns entstehen lässt, kann auch ein Bild verschiedene neue Bilder in uns entstehen lassen – je nachdem, was wir damit verbinden. So kann eine Sonne auch für Wärme, Himmelskörper, Feuer oder auch für die Farbe Gelb stehen.

MEHRFACHNENNUNG

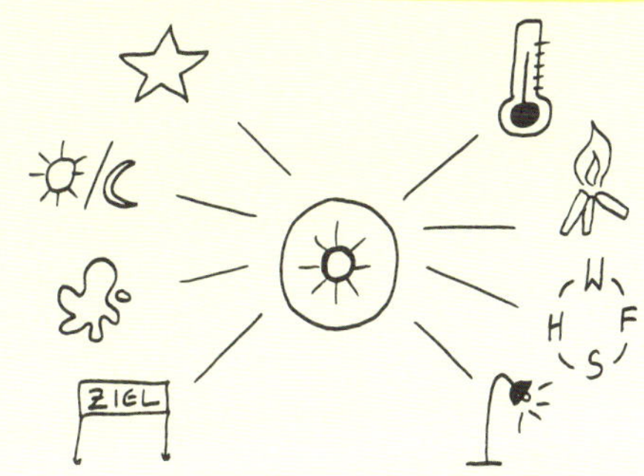

Die Sonne steht für:

- Wärme
- Licht
- Tag
- Feuer
- Ziel
- Stern
- Jahreszeit
- Gelb

STUFEN DES GELINGENS

Sketchnotes sind einfach zu erlernen und anzuwenden. Und doch macht erst die Übung bekanntlich den*die Meister*in. Deswegen sollten Sie immer einen Stapel Schmierblätter parat haben. Das Üben zeigt Ihnen, welche Formen zuerst gemalt werden sollten, wo knifflige Stellen sind oder welches Detail wirklich zum Erkennen wichtig ist. Denn Sketchnotes sind reduzierte Bilder, in denen nur das Notwendigste zum Einsatz kommt. Ein kleiner Stufenplan veranschaulicht dies:

Erlernen
Eigene Ideen lassen sich wunderbar mit bereits vorhandenen Ideen verbinden. Inzwischen gibt es eine Fülle an Übungsmaterial, Anleitungen und Einstiegshilfen. Kopieren, Übernehmen und Nachahmen gehören zum Lernen dazu.

Ausprobieren
Wenn Sie sich mit den Grundlagen vertraut gemacht haben, folgt das Ausprobieren. Spielerisches Herumzeichnen übt genauso wie zielorientiertes Abzeichnen einfacher Symbole.

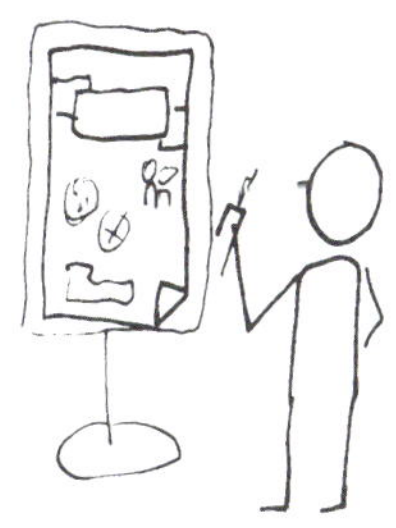

Einsetzen
Schritt für Schritt entwickeln Sie Ihren eigenen Stil und steigen auf in die nächste Ebene des Anwendens. Ob Gesamtdarstellungen oder Aushänge – mit dem Einsatz Ihrer neuen Fähigkeiten hinterlassen Sie Ihre Spuren.

7. TIPPS

Zeichnen Sie viel und überall. Entdecken Sie die Möglichkeiten im Alltag wie auch in konkreten Vorhaben aus Ihrer Berufswelt.

Haben Sie Spaß an der Sache.

Reduzieren Sie Bilder auf den Kopf, wenn Sie Mimik zum Ausdruck bringen wollen. Nutzen Sie hingegen den Körper, wenn Gestik in Ihrem Bild deutlich werden soll.

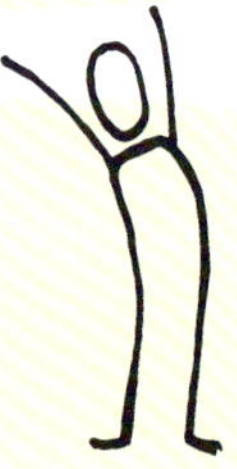

Haben Sie Vertrauen in Ihre Zeichnungen. Hier gilt die Formel: **Sich trauen + Tun = Können!**

Verlieren Sie sich nicht in Details. Ein Bild kann auch „verschlimmbessert" werden, wenn sich zu viele Details darin finden lassen.

7. TIPPS

Halten Sie Ihre Bilder einfach. Bei Sketchnotes geht es um das Erkennen und nicht um Kunst.

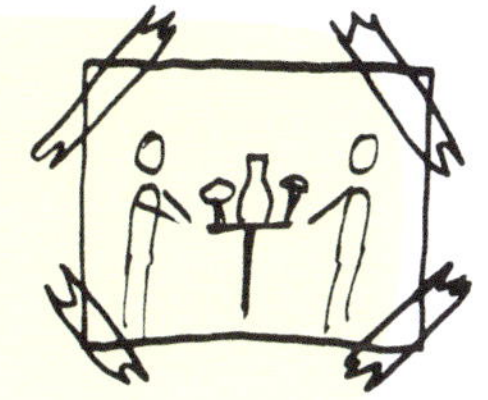

Überlassen Sie sich nicht nur Ihrer Kreativität. Bedienen Sie sich bei der Vielzahl an Beispielen, die andere bereits umgesetzt haben.

FEHLERFREI

Lassen Sie Fehler zu und perfektionieren Sie Ihre Vorhaben nicht allzu sehr. Ein Fehler hat den Vorteil, dass er auffällt. Das schafft auch Aufmerksamkeit.

Sketchnotes sollen das Wesentliche von Gedanken und Ideen wiedergeben. Wenn Sie sich an eine Situation erinnern, fokussieren Sie sich auf ein Bild, das etwas Konkretes darstellt. Reduzieren Sie den Gedanken nun auf die wesentlichen Merkmale, die dieses Bild kennzeichnen. Dann heißt es … zeichnen!

TEIL

B

JETZT GEHT'S LOS!

Nachdem Sie im Teil A mit theoretischen Impulsen und Handwerkzeugen ausgestattet wurden, geht es auf in die Praxis. Der zweite Teil des Buches widmet sich der konkreten Umsetzung für den pädagogischen Bereich in Kindertagesstätten und sonstigen Einrichtungen. Die Methoden sind thematisch gegliedert und im Wesentlichen den Personengruppen **Persönlich – Kinder – Familien – Team – Leitung** zugeordnet.
Dabei ist die Einteilung übergreifend, denn Anlässe, Spiele, Aushange, Ideen können natürlich variabel eingesetzt werden. So lassen sich Spielideen für Kinder auch als Methode in Teamberatungen einsetzen. Oder Aushänge für Familien lassen sich in Informations-Flipcharts für Teams umleiten. Genauso wie Grafiken für Familien auch Kinder erreichen können. Springen Sie in den Seiten herum und lassen Sie sich mitnehmen in die Welt der bildhaften Sprache. Im Verlauf der Seiten werden die Begriffe „bildhaft" und „visuell" gleichermaßen verwendet.

1. BILDKARTEN

WORUM GEHT'S?

Wenn Sprache das Tor zur Welt ist, ermöglichen Bilder weitere Zugangsformen zum Spracherwerb. Kinder sind erstaunlich früh in der Lage, einzelne Striche in einen Zusammenhang zu setzen und darin Bilder zu erkennen. Und diese Bilder werden symbolisch oder ikonisch einer Bedeutung zugeschrieben. Diese Denkleistung ermöglicht es, mit Bildern auch die pädagogische Praxis zu bereichern. Auch gehemmte Kinder, jene mit Sprachverzögerungen oder auch mit (sprach)kulturellen Unterschieden werden mit dieser Kommunikationsform mehr Teilhabe erleben. Bilder erzeugen Worte und Worte erzeugen Bilder. Mit diesem Zusammenspiel eröffnen Sie sich eine Quelle von Einsatzmöglichkeiten.

Das Erschaffen eigener Bildkarten erweitert den persönlichen Methodenkoffer und lässt sich gezielt in der pädagogischen Praxis einsetzen. Der sprachliche Dialog wird durch das eigene Zeichnen intensiviert, persönlicher und in Beziehung gesetzt. Kinder sind umso motivierter für Aktionen, wenn diese spielerisch, persönlich und mit möglichst vielen Sinnen verbunden sind. Bildkarten sind der Schatz und Grundstock für vielerlei Einsatzmöglichkeiten.

Bildkarten sind ein Schatz, den es zu heben gilt. Die Truhe haben Sie bereits vor sich!

SO GEHT'S

- Übersetzen Sie Wörter in Bilder. Nutzen Sie dafür einen Stift, mit dem Sie leicht zeichnen können, und Papier. Wählen Sie je nachdem das passende Papier in der entsprechenden Größe aus.
- Verwenden Sie zusätzlich Vorlagen (z. B. aus dem Internet), um Ihre eigenen Bildideen umzusetzen.

1. BILDKARTEN

EINSATZMÖGLICHKEIT

Diese finden Sie im kompletten Verlauf des Buches – von A wie „Aushänge“ bis Z wie „Zusammenarbeit“.

Tipps

- Legen Sie sich eine Bildkartenbibliothek zu und unterteilen Sie diese thematisch.
- Nutzen Sie Bildkarten vielfältig im Alltag.
- Ergänzen Sie bereits bestehende Rituale und Abläufe im Alltag mit Bildern.

1. BILDKARTEN

1. BILDKARTEN

Essen

Küche

Kleidung

Tiere

2. EINSATZVARIANTEN VON BILDKARTEN

WORUM GEHT'S?

Bildkarten verhelfen zu einer Struktur, die das Erzählen vereinfacht. Das kann z. B. anhand einer Personenbeschreibung oder Wochenenderzählung gelingen. Kinder erlernen den Verlauf einer linearen Erzählung erst durch vielfaches Ausprobieren und Zuhören.
Mit Bildkarten lassen sich lineare Verläufe optisch darstellen, was Kindern als Hilfestellung dienen kann.
Dabei erfahren Kinder, dass sie anhand der Bildkarten etwas beschreiben können. Legen Sie dafür vorgefertigte Bildkarten in die Mitte und erklären Sie deren Bedeutung. Durch das bildhafte Erkennen werden Kinder sich an der Fragestellung orientieren.

SO GEHT'S

Phase 1
Die Kinder lernen drei Bildkarten kennen, die ihnen als visuelle Hilfe zum Erzählen dienen.

Phase 2
Als Erzieher*in berichten Sie beispielhaft von Ihrem Wochenende (o. Ä.) und verwenden dabei die ausgelegten Bildkarten.

Phase 3
Die Kinder werden auf freiwilliger Basis zum Erzählen und Ausprobieren eingeladen.

Phase 4
Auch zurückhaltende Kinder werden zum Erzählen ermuntert.

2. EINSATZVARIANTEN VON BILDKARTEN

Beispielhaft können Sie die Kinder mit folgenden Fragen zu Ihren Erzählungen einladen.

BERICHT VOM WOCHENENDE

WO warst du am Wochenende?

Mit **WEM** hast du das Wochenende verbracht?

WAS hast du gesehen, gehört, erlebt, gemacht bzw. erfahren?

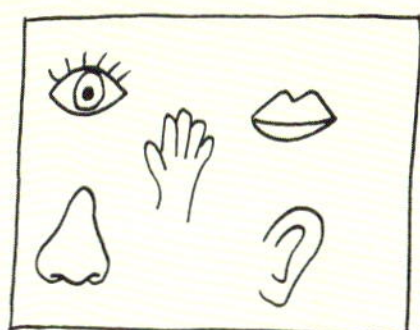

SPONTANES ERZÄHLEN

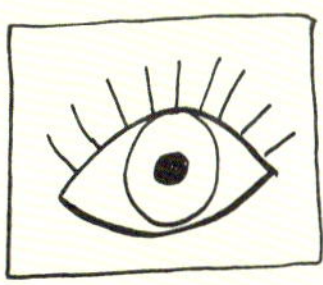

Ich habe ... gesehen.

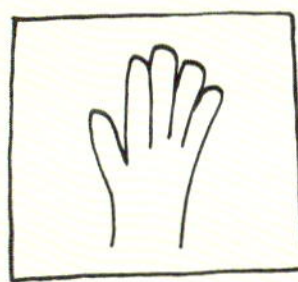

Ich habe ... gemacht/getan.

Ich habe mich über ... gefreut.

BESCHREIBUNG EINER PERSON

Er/Sie hat einen ... Pullover an.

Er/Sie trägt eine ... Hose.

Er/Sie hat ... Haare auf dem Kopf.

2. EINSATZVARIANTEN VON BILDKARTEN

Hier finden Sie weitere Möglichkeiten und Methoden, mit Bildkarten zu arbeiten:

„Ich packe meinen Koffer!“
Die Kinder sitzen im Kreis und benutzen Bildkarten. Reihum wird dann der Koffer gepackt, indem das erste Kind sein Bild zeigt und es wieder verdeckt. Das nächste Kind wiederholt diesen eingepackten Inhalt und zeigt sein Bild usw., bis alle Kinder den Koffer gepackt haben.

„Welche Bilder reimen sich?“
Legen Sie Bildkarten aus und lassen Sie Kinder Reimwörter finden.

„Was ist das?“
Die Bildkarten werden verdeckt. Nacheinander werden die Bildkarten gezeigt und wer das Symbol als Erstes errät, hat einen (Bild-)Punkt.

„Wo lassen sich Gegensätze finden?“
Legen Sie verschiedene Bildkarten aus und lassen Sie die Kinder die entsprechenden Karten heraussuchen.

„Alles, was mit A, F, G usw. anfängt“
Die Bildkarten werden nach Anlaut sortiert.

2. EINSATZVARIANTEN VON BILDKARTEN

„Ein Geräusch wie …“
Welche Karte lässt sich durch ein Geräusch beschreiben? Dafür legen Sie vor den Kindern verschiedene Bildkarten aus und machen ein passendes Geräusch zu einer Karte vor.

„Was ist hier falsch?“
Bildkarten werden mit kleinen „Irrtümern“ gezeichnet, die es zu erraten gilt. Vom Haus mit Blinklicht bis zur Wolke mit Fenstern drin ist alles möglich.

„Ich sehe was, was du nicht siehst“
Ein Kind beschreibt eine von mehreren auf dem Boden liegenden Bildkarten und lässt die anderen Kinder jene Karte erraten.

„Geschichten erfinden“
Bildkarten dienen als Anlass, um spontane Kurzgeschichten zu verfassen. Jede neue Karte bildet den Impuls für den Weiterverlauf einer Geschichte.

„Welche zwei Karten passen zusammen und warum?“
Die Kinder (er)finden Zusammenhänge zwischen zwei Karten.

Weitere Ideen …

3. METHODEN DER BILDERBUCH-NUTZUNG

WORUM GEHT'S?

Eine der wichtigen und wunderschönen Beschäftigungen im Kindergarten ist die Nutzung von Büchern. Bilderbücher sind fester Bestandteil im Alltag der Kinder und dienen methodisch als Handwerkszeug für die kindliche Entwicklung. Vielfältige Herangehensweisen und Methoden schaffen ein vertieftes Verständnis der Themeninhalte sowie eine differenzierte Auseinandersetzung damit.
Diese Methoden der Bilderbuch-Nutzung lassen sich visuell darstellen, wie z. B. Malen zur Geschichte, Bildkarten zu einer Geschichte sortieren oder ein Team-Vorlesen, bei dem mehrere Personen eine Geschichte gemeinsam entdecken.

SO GEHT'S

➯ Sammeln Sie Methoden für Buchbetrachtungen.
➯ Stellen Sie sich einen Methodenkoffer zusammen.
➯ Reduzieren Sie Kernelemente von Methoden auf ihre wesentlichen Aussagen und zeichnen Sie passende Sketchnotes dazu.

Tipps

- Kombinieren Sie weitere Medien (z. B. Beamer, Visualisierer, Musik-Abspielgerät).
- Verwenden Sie eine breite Spanne an Büchern (Bilder-, Sach-, Märchenbücher).
- Achten Sie auf einen hohen Wiedererkennungswert für die Kinder.
- Achten Sie auf den Entwicklungsstand der Kinder.

WEITERE EINSATZMÖGLICHKEITEN

Methodenkarten
Gestalten Sie aus Ihren gesammelten Methoden entsprechende Bildkarten. Dadurch gelingt eine schnelle Verfügbarkeit für die eigene Arbeit. Auch als Impulsgeber für Mitarbeiter*innen sowie als Auswahlhilfe für Kinder sind sie anwendbar.

Methodenplakat
Zeichnen Sie für einen schnellen Überblick Methoden auf ein Plakat. Eine Gesamtdarstellung kann auch den Eltern Impulse für die eigene Nutzung von Büchern geben.

Gruppenarbeit

In „Morgenkreisen“ o. Ä. wird eine regelmäßige Buchbetrachtung zum Ritual verwandelt, bei dem das Auswählen durch Karten ein fester Bestandteil ist.

Präsentieren Sie die verschiedenen Methoden in der Vorlese-Ecke Ihrer Einrichtung. Kinder erhalten dadurch einen Überblick und können frei wählen, welche Vorleseform sie sich wünschen.

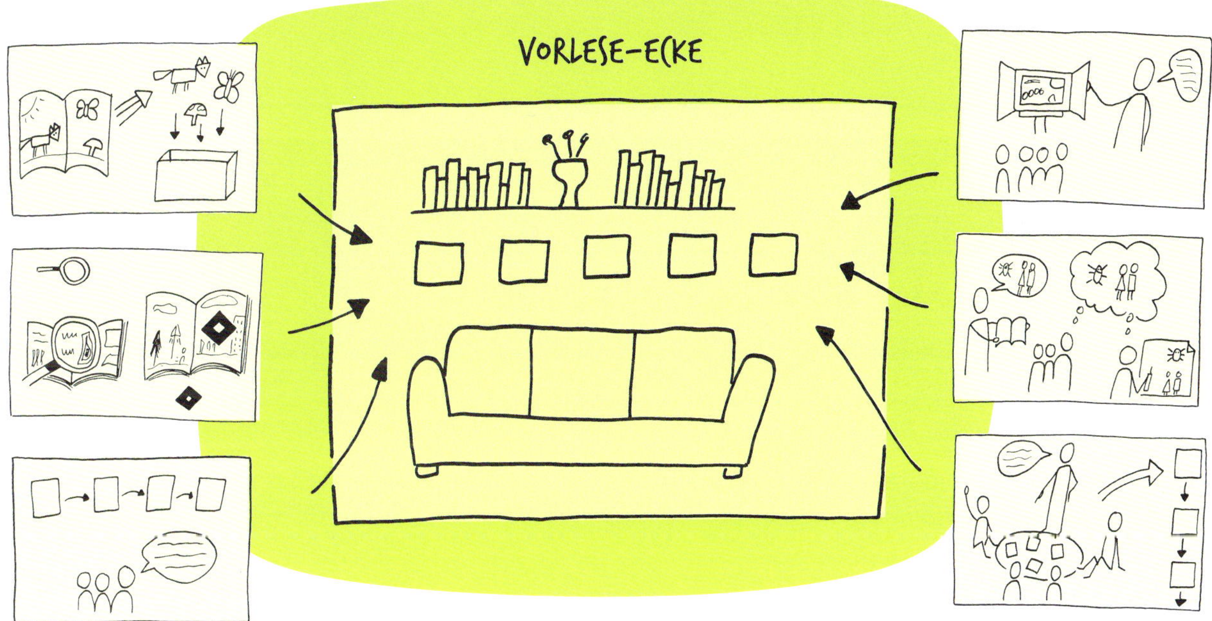

Das bringt es:

- literarische Geselligkeit erleben
- Geschichten segmentieren und überschaubar machen
- Literatur persönlich fortsetzen
- literarische Eindrücke mitteilen
- Nacherzählen trainieren
- Informationen, Deutungen und Vorstellungen visualisieren
- Rituale schaffen
- Mitbestimmung aller Kinder ermöglichen

3. METHODEN DER BILDERBUCH-NUTZUNG

Auf den kommenden Seiten werden Methoden aufgezeigt, wie Sie Bücher im Alltag mit Kindern ganz unterschiedlich einsetzen können. Passend dazu, ergänzen Visualisierungen die jeweilige Methode.

Kamishibai

Das Kamishibai, auch Erzähltheater genannt, ist eine aus Japan stammende Möglichkeit der Geschichtenvermittlung. Dabei werden Bilder wie auf einer kleinen Bühne großformatig präsentiert. Das Kamishibai eignet sich auch, um einzelne Bilder ausdrucksstark zu präsentieren.

Dialogisches Vorlesen

Die Geschichte wird beim Betrachten des Buches von den Kindern gemeinsam erzählt. Der Erzählfluss kann von dem*der Moderator*in durch offene Fragen unterstützt und gelenkt werden – ein kleiner Balanceakt, bei dem gleichzeitig der Freiraum zum Erzählen, Spekulieren, Benennen erhalten bleiben sollte. Besonders ausdrucksstark bietet sich hierbei das Kamishibai an.

Lesekiste

Eine Lesekiste ist ein Karton bzw. eine Kiste, die mit Gegenständen gefüllt wird, die in der entsprechenden Lektüre eine Rolle spielen. Diese Kiste lässt sich außen, dem Thema entsprechend, gestalten.

3. METHODEN DER BILDERBUCH-NUTZUNG

Lupenbetrachtung

Die Kinder erhalten gebastelte Lupen (Ausschnittsucher), mit deren Hilfe sie als Bilddetektivinnen und Bilddetektive Suchaufträge zu Personen, Tieren oder Gegenständen ausführen können. Je nach Alter der Kinder variieren diese in ihrer Komplexität. Die Lupenform kann auch durch ein anderes Motiv ersetzt werden, z. B. durch einen Bilderrahmen. Bei der Umsetzung ist es sinnvoll, einzelne oder alle Seiten des Buches farbig zu kopieren oder die Bücher in mehreren Exemplaren vorliegen zu haben.

Re-Mind-Map

Im Gegensatz zum Visualisieren werden beim Re-Mind-Mapping konkrete Inhalte des Geschichtsverlaufs wiedergegeben. Nach dem Vorlesen schildern die Kinder, was in der Geschichte genau passiert ist. Die dabei benannten Inhalte werden von den Kindern danach aufgemalt und können als Ergebnis in der Gruppe präsentiert werden. Besonderes Ziel kann es sein, dass die Kinder die Geschichte anhand der Bilder gemeinsam nacherzählen.

Visualisieren

Im Anschluss an verschiedene Bilderbuchbetrachtungen lassen sich die Eindrücke der Kinder durch Bilder visualisieren. Diese Zeichnungen können frei oder in zunehmendem Maße auch zusammenhängend in der Geschichtsabfolge geschehen. Auch abstrakte und detaillierte Zeichnungen können als Ausdrucksmöglichkeit dienen.

3. METHODEN DER BILDERBUCH-NUTZUNG

Eine Geschichte in Bildkarten umwandeln

Nehmen Sie eine Geschichte aus einem Buch. Lesen Sie den Kindern diese Geschichte vor. Lassen Sie sich von den Kindern wichtige Erinnerungen daraus erzählen. Reduzieren Sie den Inhalt auf ein oder mehrere Bilder, die Anfang, Mitte und Ende der Geschichte wiedergeben. Die Kinder können die Bilder sortieren oder mit deren Hilfe die Geschichte nacherzählen.

Eine eigene Geschichte erfinden

Stellen Sie den Kindern verschiedene Bildkarten zur Verfügung und lassen Sie jedes Kind eine Karte ziehen. Beginnen Sie mit Ihrem Bild eine Einleitung und lassen Sie die Kinder in der Runde weitererzählen. Jedes Kind gibt mit dem Inhalt seiner Zeichnung eine kurze Weiterführung und setzt somit die Geschichte fort.

Ein Bilderbuchgespräch führen

Ein Bilderbuchgespräch ist eine Mischung aus Rezeption und Lesekommunikation. Das Lesen und Betrachten der Bilder entwickelt sich im gemeinsamen Gespräch. Dazu überlegen Sie sich vorher den Ablauf: Wann lesen Sie am Stück, wann erzählen Sie, wann unterbrechen Sie? Wie können Sie die Bilderbuchbetrachtung unterstützen? Welche Fragen können Sie stellen? Die Fragen sollten stets offen sein und die Informationsverarbeitung anregen sowie Interpretation ermöglichen.

Nach Abschluss der (gemeinsamen) Darbietung lässt sich der Inhalt auf wesentliche Passagen reduzieren. Mithilfe von Bildkarten werden die reduzierten Inhalte durch die Kinder sortiert und somit sprachlich nachbereitet.

Einen Geschichtenverlauf darstellen

Es werden beliebige Bilder zur Auswahl gegeben und auf dem Boden präsentiert. Die Aufgabe für die Kinder besteht nun darin, anhand der vorgegebenen Bilder selbst einen Geschichtsverlauf zu verfassen. Manchmal ist es sinnvoll, das erste und das letzte Bild der Geschichte zu benennen. Mit zunehmendem Erzählniveau werden die Bilder in ihrer Anzahl erhöht.

4. MALGESCHICHTEN

WORUM GEHT'S?

Malgeschichten und -reime sind kleine Storys, die den Kindern Impulse und Motivation zum Malen geben. Durch feinmotorische Übungen wird hierbei der eigene Umgang mit Stift und Papier erprobt. Zeichnen ist ein Zusammenspiel aus u. a. Auge-Hand-Koordination, visueller Wahrnehmung, Feinmotorik, Formerkennung und Stifthaltung. Das Anwenden grafischer Zeichen mithilfe eines Schreibgeräts auf einer Unterlage (z. B. Papier) wird als Grafomotorik bezeichnet.

Malgeschichten sollen in erster Linie Spaß machen und das Interesse der Kinder wecken. Die Kombination aus Erzählen und gleichzeitigem Zeichnen macht Malgeschichten zu etwas Besonderem. Durch regelmäßige Wiederholungen wird bei den Kindern eine Erinnerung aufgebaut, die zum Malen animiert – ganz im Sinne von: „Punkt, Punkt, Komma, Strich ... fertig ist das Mondgesicht!“

SO GEHT'S

Durch häufiges Wiederholen eines Reimes erlernen Kinder einen Text spielerisch und trainieren gleichzeitig die Lautbildung. Das Nachahmen vorgegebener Zeichnungen ermöglicht auch unerfahrenen Kindern schnell Erfolgserlebnisse.

Methodische Hinweise

- ⇨ Unerfahrene Kinder sollten zunächst frei experimentieren können, um ein Gefühl für die Stiftanwendung zu bekommen.
- ⇨ Konkrete Hinweise zum Zeichnen geben Kindern Orientierung (von links nach rechts usw.).
- ⇨ Kinder zeichnen in ihrer Entwicklung erst Kreise, dann Vierecke und erst zuletzt Dreiecke.
- ⇨ Der Einsatz von Malgeschichten ist dem Entwicklungsstand der Kinder anzupassen und darf sie nicht überfordern. Bei jüngeren Kindern bieten sich Malreime besser an.

  Krippenalter: Einfache Bilder werden großflächig mit Sprache aufgebaut.
  Kleinkindalter: Bilder werden mithilfe von Malgeschichten zusammen erstellt.
  Kita-Alter: Mehrere Bilder werden zusammen zu einer Geschichte verbunden.

MERKSÄTZE

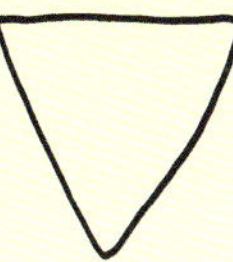

Ein Dreieck mal ich hier,
daraus wird ein Tier.

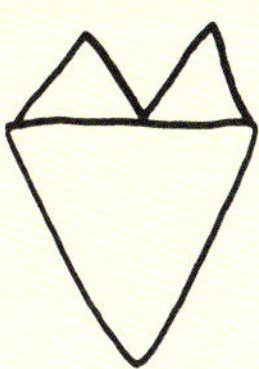

Dreieck, Dreieck obendran,
damit man es erkennen kann.

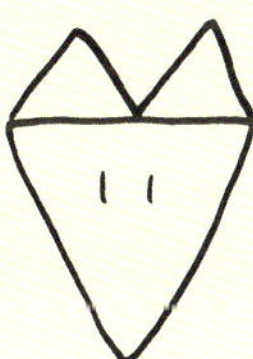

Strich und Strich dann ins Gesicht –
erkennst du es oder nicht?

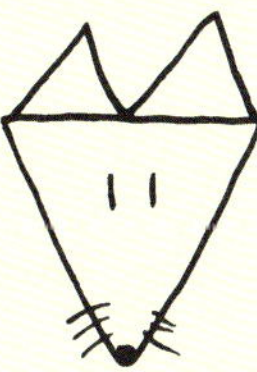

Kein Affe, Kuh oder Schwein –
ein Fuchs wird das hier sein.

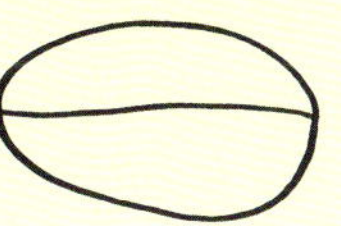

Einen Kreis mit einem Strich.

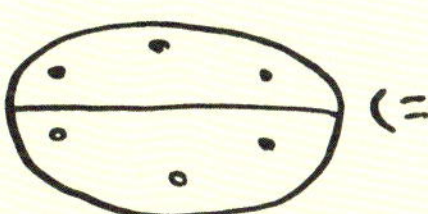

Ein paar Punkte und ein Gesicht.

Drei Striche an jeder Seite –
so wächst es in die Breite.

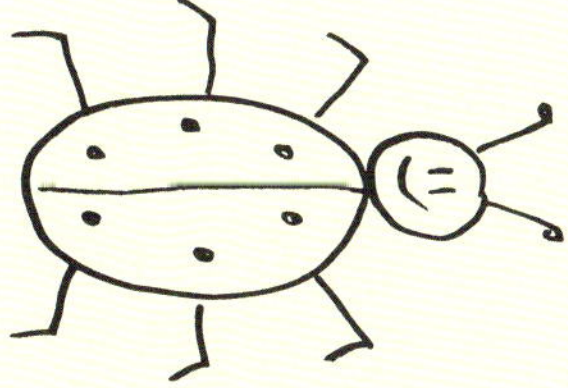

Ein Kopf mit Fühlern obendrauf
und ich sag dann: Käfer, lauf!

4. MALGESCHICHTEN

Breite Reifen, Strich hinzu,

ein Bogen drauf und ein Strich dazu.

Obendrauf ein kleines Haus
und man schaut durchs Fenster raus.

Und unten dann die Schaufel ran,
damit der Bagger arbeiten kann.

Ein Boot wird das hier.
Ich male es auf das Papier.

Ein Strich als Mast mit Segel obendran,
damit der Wind gut reinblasen kann.

Und kommt es dann ins Wasser,
wird es immer nasser.

Punkt, Punkt, Komma und Strich –
fertig ist das Tiergesicht.

Links und rechts zwei Ohren dran,
damit es ja was hören kann.

Ein buntes Fell und einen Bauch
und vier Füße kommen auch.

Haare an der Nase und einen Schwanz dazu –
so legt sich die Katze dann zur Ruh!

Weiterführung für Fortgeschrittene
Lassen Sie doch bildhaft für die Kinder eine kleine Geschichte aufleben. Dabei beginnen Sie mit einer freien oder konkreten Geschichte und verbildlichen parallel die wesentlichen Inhalte der Handlung. Von Bedeutung ist hierbei, dass das Zeichnen der Bilder und die Geschichte gleichzeitig für die Kinder erfolgen.

5. EMOTIONEN

Emotionen gehören zu den Feinheiten einer Sketchnote und geben jeder gezeichneten Figur einen ganz besonderen Ausdruck. Beobachten Sie doch mal bei den Kindern, wie ausgeprägt das Verständnis für Emotionen in Bildern bereits ist.
Wie viele Punkte braucht es, um ein Gesicht auszudrücken? Mit nur vier Strichen lässt sich eine große Auswahl an Emotionen darstellen. Probieren Sie es mal aus!

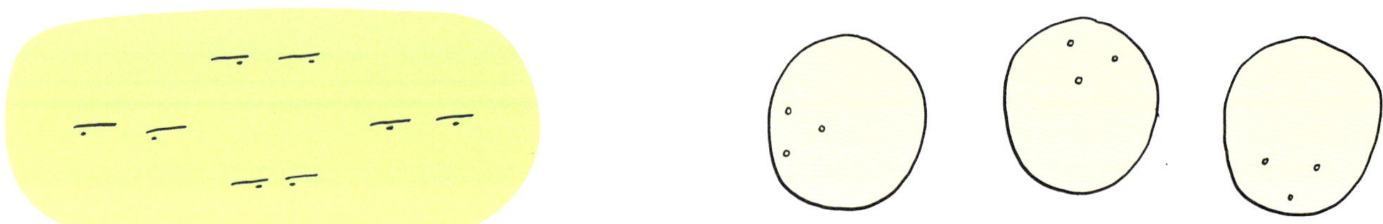

Emotionen sind DIE Möglichkeit, Bildkarten zum Leben zu erwecken und die Bedeutung von Bildsprache zu zeigen. Im digitalen Zeitalter erfreuen sich Emojis großer Beliebtheit, weil sie präzise das ausdrücken, wofür Worte fehlen. Diese Emojis lassen sich nach kurzer Übung ganz leicht ausführen. Versuchen Sie sich doch mal an Ihrem Lieblings-Emoji.

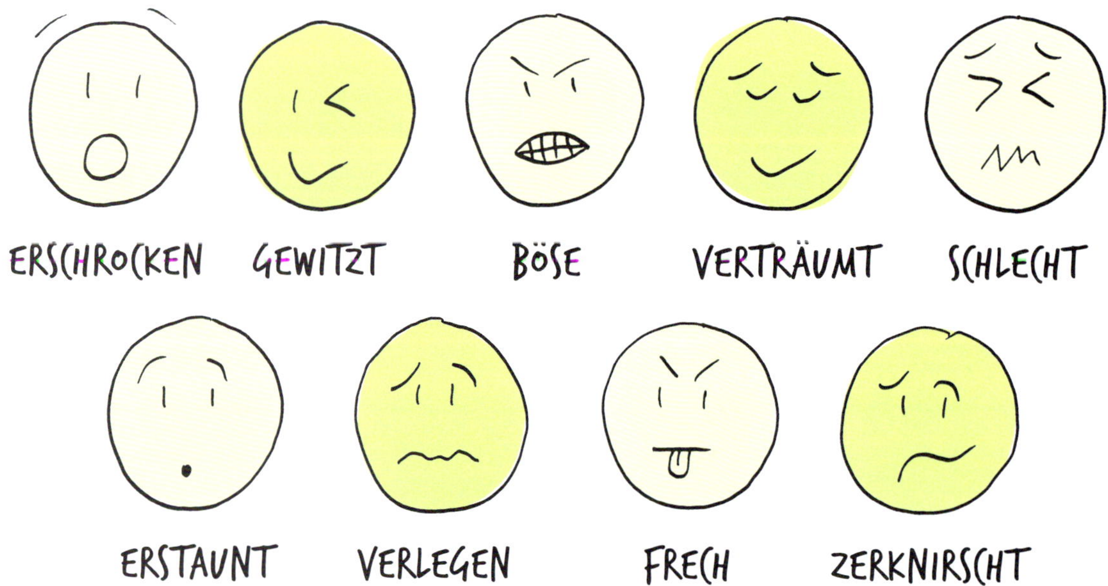

5. EMOTIONEN

Die Palette der Ausdrucksmöglichkeiten bei Emotionen vergrößert sich, wenn die Gesichter mit wenigen Strichen zu Menschen vervollständigt werden. Ein (halber) Körper, Arme und Beine lassen jede Figur groß rauskommen.

Diese Matrix zeigt auf, wie kleinste Veränderungen zu einem neuen Gesichtsausdruck führen und somit eine neue Emotion darstellen. Sie lässt sich beliebig weiter ergänzen.

5. EMOTIONEN

Aus den Figuren werden Charaktere. Ihre Figuren lassen sich noch weiter ausgestalten, wenn Haare, Kleidung und Objekte hinzukommen. Jedoch Vorsicht! „Verschlimmbessern" Sie sie nicht zu sehr mit Details.

6. EINSATZVARIANTEN VON EMOTIONS-KARTEN

Führen Sie mit den Kindern ein Gespräch über Emotionen und finden Sie heraus, welche Erfahrungen dazu bisher vorhanden sind. Kinder können Emotionen in der Regel differenziert erkennen, jedoch weniger in Worte fassen. Daher sind Bildkarten eine gute Lösung, um Emotionen zuerst einmal zu erkennen und dementsprechend zu benennen. Auf den folgenden Seiten finden Sie Beispiele, wie Emotionen durch Mimik und Gestik dargestellt und ausprobiert werden können. Mit Spiel und Übung lernen die Kinder, Emotionen bewusster wahrzunehmen und verbal zu benennen.

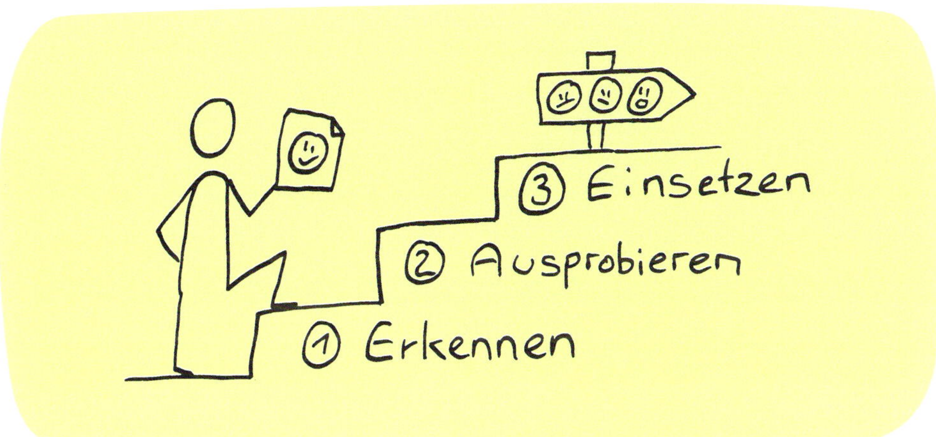

Kinder haben großes Interesse am **Erraten und Kennenlernen** neuer Emotionen.

Bildkarten sind eine große Hilfe für das **Ausprobieren und Erraten** von Emotionen.

6. EINSATZVARIANTEN VON EMOTIONS-KARTEN

Sie können es täglich zur Routine werden lassen, bei der die Kinder die Möglichkeit bekommen, ihre eigenen Emotionen zu erkennen und zu benennen. Gesprächskreise oder Einzelsituationen bieten sich im Alltag vielfach dafür an. Schrittweise lässt sich durch das Benennen von zwei Gefühlen der Unterschied erkennen. Gezeichnete Bildkarten sind hierbei eine große Hilfe und können nach und nach erweitert werden.

Buchvorlesungen lassen sich mit passenden Emotionsbildkarten ergänzen und fokussieren das emotionale Erleben.

Emotionskarten spielerisch einzubauen, bietet Kindern eine Übung zum Erkennen und Benennen von Emotionen. Das bekannte Memo-Spiel ist da ein bewährter Spiele-Klassiker!

Lassen Sie es zum **Ritual** werden, dass die Kinder im täglichen Gesprächskreis ihr Befinden mithilfe von Emotionskarten benennen und erklären.

6. EINSATZVARIANTEN VON EMOTIONS-KARTEN

Bildkarten können in konkreten Konfliktsituationen bei einer Klärung helfen oder der Nachbereitung dienen.

Dass Emotionen und Körper eine Einheit bilden, lässt sich in der **Umkehrung** sehr gut erkennen. Dafür zieht ein Kind zwei Emotionskarten. Eine stellt die Mimik und eine die Gestik dar, die mitunter nicht zueinander passen. Nun versucht das Kind, die Mimik zusammen mit einer falschen Gestik nachzuahmen. Hierbei kann auch Sprache als Ausdrucksmittel einbezogen werden.

Bildkarten eignen sich hervorragend für eine Runde **Pantomime**. Hierbei werden Emotionen gezeigt, die es zu erraten gilt. Ausprobieren und Erkennen ist hier von Bedeutung.

7. SUBJEKTIVE LANDKARTEN

WORUM GEHT'S?

Subjektive Landkarten sind eine Möglichkeit, den persönlichen Lebensraum visuell darzustellen. Kinder erzählen gerne und zumeist wohlwollend von ihren Erlebnissen. Darin geben sie Einblicke in ihren eigenen, für sie bedeutsamen Lebensraum. Mithilfe von Kartenzeichnungen lassen sich Kinder ermuntern, ihre wichtigen Orte, besonderen Details (z. B. einen Automaten) und Einzelheiten zu benennen. Sketchnotes geben Kindern die Möglichkeit, sich in ihrem Lebensraum zu verorten, und regen ein Gespräch an.

Das Aufzählen und Benennen von bedeutsamen Lebensorten wird anhand von Bildern schrittweise visualisiert. Daraus entwickelt sich eine (Land-)Karte, die die eigene persönliche Lebenswelt verdeutlicht.

EINSATZMÖGLICHKEITEN

Subjektive Landkarten sind wunderbare Hilfsmittel für gegenseitige Gespräche und eine Bereicherung für kindliche Aussagen. Als Ergebnis mehrerer erstellter Landkarten lassen sich Gemeinsamkeiten und Besonderheiten herausfinden. Nutzen Sie solche Angaben auch als Ausgangspunkt für Ihren nächsten Ausflug als Gruppe. Karten geben Kindern Orientierung. Als Gesamtergebnis lässt sich eine Übersichtskarte erstellen, in die Ausflugspunkte, Bedeutsamkeiten und wichtige Orte eingezeichnet sind.

7. SUBJEKTIVE LANDKARTEN

SO GEHT'S

- ➯ Nutzen Sie für einen Einstieg einen Kinder-Stadtplan o. Ä. Was zeigt dieser? Was lässt sich daran erkennen? Wofür wird so etwas genutzt? Wie findet man bestimmte Orte?
- ➯ Veranschaulichen Sie Ihre eigene Welt beispielhaft mit wenigen Orten und zeigen Sie diese anhand von eigenen Zeichnungen auf.
- ➯ Verdeutlichen Sie den Kindern, wodurch diese Orte für Sie bedeutsam sind.
- ➯ Fügen Sie die einzelnen Orte zu einer Gesamtkarte zusammen.
- ➯ Schaffen Sie einen Übergang zu den Kindern und lassen Sie sie von ihren bedeutsamen Orten frei erzählen.
- ➯ Sammeln Sie diese Orte schriftlich und übersetzen Sie diese mit den Kindern in Bilder.
- ➯ Machen Sie diese Bilder allen an einer Wand zugänglich. *(Anmerkung: Personenbezogene Informationen dürfen nur mit Absprache der Familien genutzt werden.)*
- ➯ Bei ausreichender Vorbereitung können Kinder dann ihre persönliche Karte zeichnen.

Hinweise

- Orte können, auf die eigene Biografie bezogen, als bedeutsam gelten (z. B. die Wohnung der Großeltern) oder auch durch Wiederholungen im Alltag (z. B. Spielplatz) oder durch persönliche Begegnungen (z. B. Kaugummiautomat).
- Nutzen Sie für Gespräche auch konkrete Anlässe, wie Wochenende, Ferien und Freizeit.
- Lebensräume können auch weit weg sein, nicht nur im Wohnumfeld.
- Erstellen Sie eine große Karte mit den Gesamtergebnissen der Kinder.
- Zeigen Sie Vergleiche auf: Was wiederholt sich bei den verschiedenen Kindern?
- Besuchen Sie gemeinsam die Orte, die für die Kinder bedeutsam sind.

8. Beispiel einer Abfolge

Worum geht's?

Bilder haben stets eine Aussage bzw. lassen sich interpretieren. Eine ganze Abfolge von Bildern lässt eine Geschichte erkennen. Kinder begegnen im Alltag vielerlei Abläufen, in denen sich Struktur und Orientierung zeigen, z. B. der Ablauf in der Kita, ein Wochenende mit der Familie, der Jahreszeitenverlauf, der Weg eines Ausflugs. Stets lassen sich Erlebnisse in Abfolgen gliedern. Kindern fällt dies schwer, wenn es sich um komplexere Abläufe handelt. Dabei können eingeübte Abläufe zur Orientierung dienen, sie lassen sich durch Wiederholungen besser einprägen.

Beispiele für Abfolgen, bei denen Handlungsschritte und Materialien mit Selbstkontrolle wiedergegeben werden, finden sich ausgeprägt in der Montessori-Pädagogik wieder.

Der „handlungsorientierte Therapieansatz" (HOT-Methode) arbeitet konkret mit kurzen Verlaufsketten, die bildlich dargestellt werden. Diese Idee lässt sich auch ohne therapeutische Zwecke in den Alltag einbinden.

So geht's

- Wählen Sie einen konkreten Anlass für Abfolgen (Einkauf, Ausflug, Kochen) und schildern Sie diesen am Anfang so lebensnah wie möglich.
- Bringen Sie die Kinder ins Gespräch: Was wird alles für diesen Anlass gebraucht bzw. was geschieht dabei genau?
- Finden Sie gemeinsam konkrete Aussagen und Wörter zu diesem Anlass.
- Wandeln Sie diese Aussagen in Sketchnotes um.
- Veranschaulichen Sie dabei den Kindern die lineare Abfolge der entstandenen Zeichnungen/Sketchnotes.

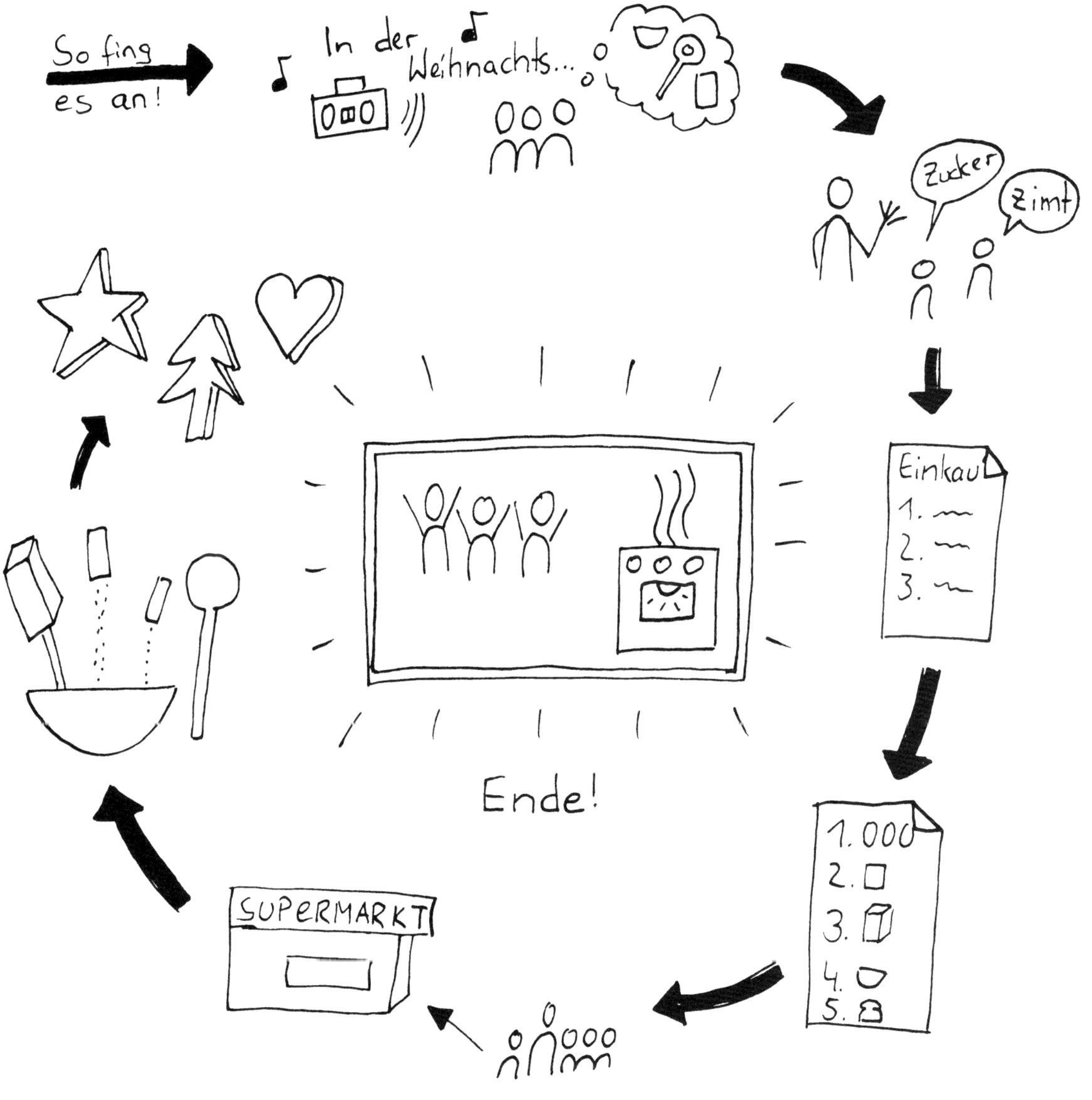

8. BEISPIEL EINER ABFOLGE

Beispiel einer rekonstruierten Verlaufskette aus dem Alltag in der pädagogischen Praxis

9. WEITERE BEISPIELE FÜR ABFOLGEN

Die **Brandschutzübung** ist ein jährlich wiederkehrendes Ereignis in Kindertagesstätten. Hier ist auch von den Kindern ein schneller und konkreter Ablauf einzuhalten. Zur Vorbereitung einer solchen Übung (hoffentlich bleibt es dabei) lässt sich mit Bildkarten ein Einstieg finden, der spielerisch noch weitergeführt werden kann:

- ➯ Bilder sortieren lassen
- ➯ vertiefende Gespräche zu den Bildinhalten führen
- ➯ Reihenfolge durchspielen

9. WEITERE BEISPIELE FÜR ABFOLGEN

DER TAGESABLAUF EINES KINDES

EINSATZMÖGLICHKEITEN

- chronologische Abfolgen (z. B. Jahreszeitenverlauf)
- Anleitungen (z. B. Rezept)
- Vorgehensweisen (z. B. Brandschutzübung)
- Agenda (z. B. Festvorbereitung mit Kindern)
- Meilensteine (z. B. große Momente für die Kinder)
- Projekte (z. B. eigene Theateraufführungen)
- Zeitabläufe (z. B. Tagesablauf in der Kita)
- ...

DER ABLAUF EINES TAGES:

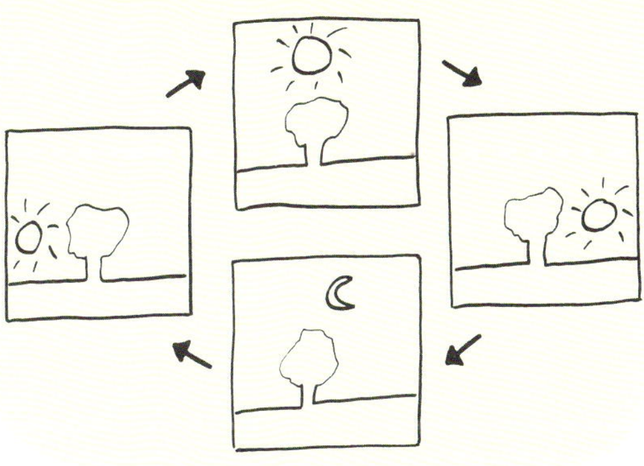

10. PIKTOGRAMME UND SYMBOLE

WORUM GEHT'S?

Das Prinzip der Piktogramme ist eine universell eingesetzte Bildsprache. Sie begegnen uns überall: in jedem öffentlichen Gebäude, auf der Straße, bei uns zu Hause … Ihre Funktion ist von Verständlichkeit, Einfachheit und Konkretisierung geprägt. Dadurch ermöglichen Piktogramme auch eine Nutzbarkeit für die pädagogische Praxis, denn viele dienen der Sicherheit und meist der Orientierung. Piktogramme verschaffen Kindern einen lebensnahen Zugang zur Symbolsprache. Damit erst einmal vertraut gemacht, sind Kinder sehr viel mehr in der Lage, Orientierung in der „Außenwelt" zu finden.

SO GEHT'S

- ➪ Thematisieren Sie mit den Kindern das Prinzip von Piktogrammen durch Aufzeigen und Benennen konkreter Bilder.
- ➪ Unternehmen Sie mit den Kindern einen Ausflug und sammeln Sie Bildsprache vor Ort.
- ➪ Durch das Erlernen dieser Ausdrucksmöglichkeit lassen sich eigene Spiele entwickeln.
- ➪ Wo lassen sich Piktogramme in der Kita finden bzw. Piktogramme noch zusätzlich anbringen?
- ➪ Erweitern Sie das Prinzip durch Symbolsprache und führen Sie weitere Entdeckungstouren durch.

EINSATZMÖGLICHKEITEN

- ➪ lebendige Ausflüge/Spaziergänge
- ➪ Orientierung in der Kita
- ➪ Ausdrucksmöglichkeit durch Bilder
- ➪ Nutzbarkeit für Spiele
- ➪ Vorlagen für eigene Zeichenübungen

10. PIKTOGRAMME UND SYMBOLE

PIKTOGRAMME AUS DEM ALLTAG

   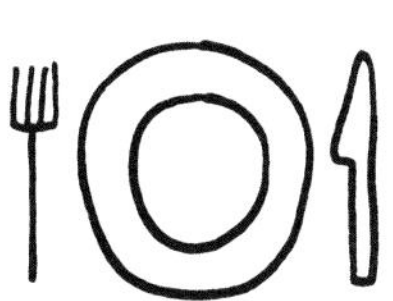  

PIKTOGRAMME MIT MENSCHEN

PIKTOGRAMME IM STRAßENVERKEHR

11. REGELN AUF SIGNALKARTEN

WORUM GEHT'S?

Regeln sind im gesellschaftlichen Leben allgegenwärtig, was bereits im Kindergarten-Alltag sinnvoll genutzt werden kann. Wenn Regeln nachvollziehbar und partizipativ aufgestellt werden, ist das Befolgen dieser umso nachhaltiger. Eine Transparenz durch Bildkarten kann zu dieser Umsetzung beitragen.

SO GEHT'S

- Schauen Sie, welche Regeln in der Kita bestehen, und prüfen Sie diese immer wieder auf Sinn und Nutzen für das Haus, das Team und die Kinder.
- Thematisieren Sie mit den Kindern einzelne Regeln im Haus bzw. formulieren Sie neue Regeln.
- Festgesetzte Regeln werden als „Hinweisschilder“ in Bilder übersetzt oder auch als pädagogisches Werkzeug nutzbar.

Mit den Kindern beschlossene Regeln benötigen unbedingt eine bildliche Darstellung, damit sich Kinder wie Erwachsene in konkreten Situationen an den Regeln orientieren und sich auf sie berufen können. Was festgeschrieben bzw. aufgemalt wurde, hat einen anderen Wert als das gesprochene Wort.

Tipps

Formulieren Sie Regeln möglichst positiv. Statt eines Verbots setzen Sie ein Gebot. Vermeiden Sie möglichst das Wort „nicht“, sondern gebrauchen Sie die konkrete Handlung, z. B. statt „Nicht rennen!“ besser „Langsam laufen!“. Kinder müssen sonst eine Umkehrung des Gemeinten selbst schaffen und das gelingt erst mit zunehmender Entwicklung. Dann besser konkret benennen!

REGELN IM RAUM

REGELN FÜR DAS MITEINANDER

REGELN IM STRAßENVERKEHR

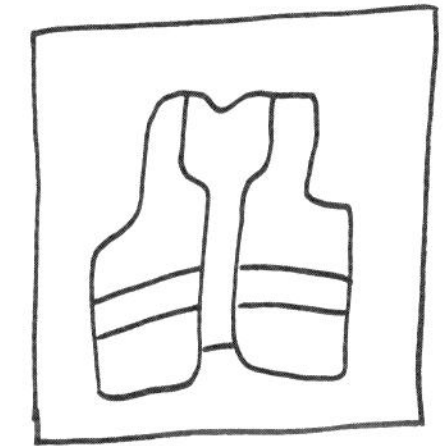

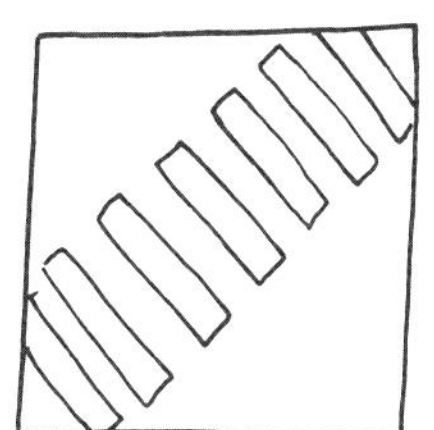

12. TAGES- UND WOCHENPLÄNE GESTALTEN

Ein Wochenplaner im Gruppenraum lässt sich für die Kinder und Erzieher*innen einerseits als Vorschau nutzen und andererseits kann er eine Woche im Nachhinein dokumentieren. Genauso ist eine Wochenplanung auch täglich nutzbar durch ritualisierte Inhalte (z. B. Wie ist das Wetter heute? Was für ein Tag ist heute? Welches Buch wollen wir vorgelesen bekommen?).

Auch hier ist bei der Nutzung eine Kombination aus Vorgaben der Erzieher*innen und Einbeziehung der Kinder möglich. Fertigen Sie dafür thematische Karten an, die regelmäßig zum Einsatz kommen können (Wetter, Ausflugsziele, Aktivitäten in der Kita usw.). Diese können Kinder dann selbstständig anbringen, wenn es zu einer gemeinsamen Planung (z. B. im Gesprächskreis) kommt. Darüber hinaus können auch neue und eigene Ideen der Kinder von Erwachsenen in Bilder übersetzt und ebenfalls durch den Wochenplaner transparent gemacht werden.

Eine kurze und schnelle Alternative ist die kurze Zusammenfassung des Tages durch entsprechende Bilder. Dadurch bietet sich den Kindern die Möglichkeit, ihren Eltern am Ende des Tages zu zeigen, was sie heute alles erlebt haben, und ein willkommener Eltern-Kind-Dialog entsteht.

EINE AUSWAHL AN BILDHAFTEN TAGESPUNKTEN

BUCHBETRACHTUNG/ VORLESEN

MUSIK

AUSFLUG

BEWEGUNG

UMGEBUNGSERKUNDUNG

KREATIV WERDEN

EXPERIMENTIEREN

SPAZIEREN GEHEN

KOCHEN UND BACKEN

13. PARTIZIPATION

WORUM GEHT'S?

Die Mitbestimmung ist auch im Kindergarten ein zunehmender und gewollter Prozess, um den Kita-Alltag und die Zeit darüber hinaus zu gestalten. Kinder sind dabei oftmals von ihren Sprachkompetenzen sowie emotionalen Möglichkeiten abhängig. Für die Erzieher*innen gilt es, diese Mitbestimmung auch altersgerecht zu ermöglichen. Bildsprache kann hierbei gezielt als Sprachvermittlung dienen.

Partizipation im Wochenablauf

Der Wochenablauf ist ein stets wiederkehrendes Ereignis, das Kinder durch die Tagesnamen, Wochenhighlights oder auch feste Rituale schnell verinnerlichen.
Ein visualisierter Wochenplan gibt Kindern auch die Chance, sich mit Ideen, Wünschen oder Interessen einzubringen. Mithilfe von Bildkarten können Vorlieben der Kinder veranschaulicht werden und die Kinder sehen, was mit ihrem Wunsch passiert.

Partizipation durch Ich-Karten

Die Kinder gestalten hierbei individuelle Karten für sich. Solch eine Karte ist durch den eigenen Namen personalisiert, den Kinder üblicherweise erst später zu schreiben lernen. Mithilfe dieser Karte lassen sich Abstimmungen durchführen und nachvollziehen. Durch eine klare Mengenverteilung erleben Kinder eine demokratische Ordnung, denn auch gehemmte Kinder oder Kinder mit Sprachschwierigkeiten können sich gleichermaßen einbringen und ihre „Stimme“ abgeben.

13. PARTIZIPATION

Partizipation in Gesprächsanlässen

Gesprächskreise, kurze Dialoge, Versammlungen, Wartezeit – im Kita-Alltag gibt es viele Gesprächsanlässe und Möglichkeiten, mit Kindern den Alltag zu gestalten. Da Kinder im Kita-Alter der Schriftsprache nicht mächtig sind, können Bilder dieses Defizit auch hier ausgleichen. In Gesprächskreisen können wichtige Anliegen schnell visualisiert werden und erhalten Bedeutung, die nicht hinten runterfällt.
Lassen Sie im Gruppenraum eine Wunschleiste anbringen, in die Kinder Wünsche anhand von Bildern eintragen können, sodass diese für die Kita auch später noch sichtbar sind. Dadurch erfahren Kinder, dass sie ernst genommen werden und sich nicht nur auf das gesprochene Wort zu verlassen brauchen.

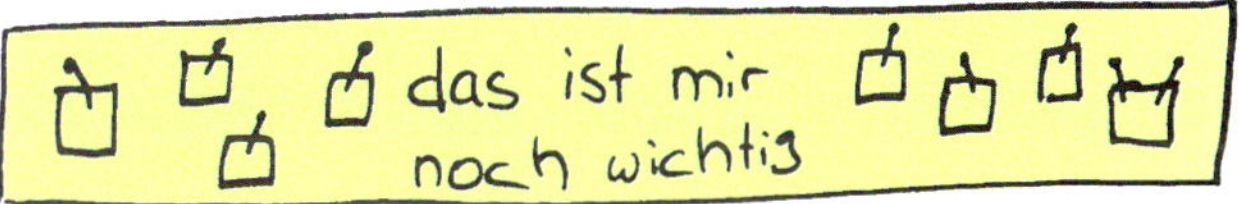

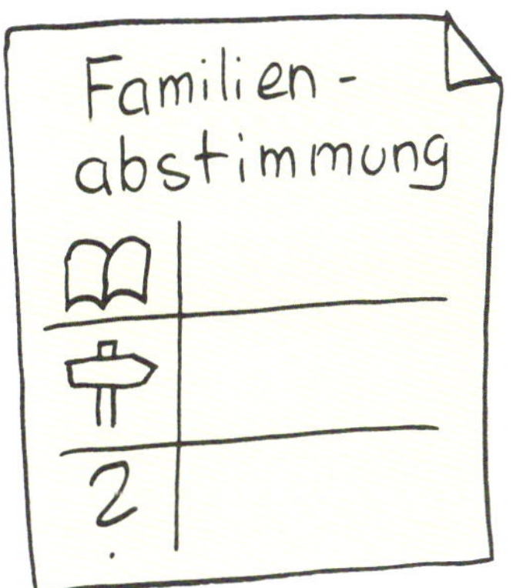

Partizipation für alle

Partizipation beschränkt sich im Kindergarten nicht nur auf das Miteinander mit den Kindern. Auch die Familienangehörigen der Kinder lassen sich gelegentlich bei gemeinsamen Planungen mit einbeziehen. Für die Zusammenarbeit ist es durchaus bereichernd, wenn Eltern und Familien ihre eigenen Meinungen, Ideen und Fähigkeiten einbringen können. Dafür geben „stille" Aushänge oder gezieltes Ansprechen eine Möglichkeit. Lassen Sie doch einmal Eltern entscheiden, welches Buch die Kinder demnächst vorgelesen bekommen oder wohin der nächste Ausflug gehen soll. Oder möchte sich ein Elternteil im neuen Projekt mit persönlichem Können einbringen? Auch inhaltliche Anregungen und Impulse sind willkommen. Diese Entscheidungen können für die Kinder via Sketchnotes festgehalten und präsentiert werden.

14. PROJEKTARBEIT

WORUM GEHT'S?

Projekte gelten als eine der „Königsdisziplinen" in der pädagogischen Arbeit. Sie können sich spontan im Alltag durch die Lebenswelt der Kinder ergeben oder auch zielgerichtet von Erzieher*innen initiiert werden. In der Summe sind Projekte zumeist ganzheitlich ausgerichtet, komplex, stetig erweiterbar und erstrecken sich über größere Zeiträume. Für Mitarbeitende wie auch für Kinder und Familien ist es umso wichtiger, dass Projekte übersichtlich dargestellt werden können – sowohl in der Vorbereitung, der Durchführung als auch in der Nachbereitung und Dokumentation.

SO GEHT'S

- ⇨ Wählen Sie Veranschaulichungsmöglichkeiten für Ihr Projekt.
- ⇨ Unterscheiden Sie zwischen Vorbereitung, Durchführung und Nachbereitung.
- ⇨ Ermöglichen Sie, wo immer es geht, auch Familien und vor allem Kindern, zu partizipieren.
- ⇨ Lassen Sie Anschauungsmaterial von verschiedenen Akteur*innen (Kinder, Familien, Kolleg*innen) mitgestalten.
- ⇨ Nutzen Sie eine Mischung aus Wörtern, Texten, Fotos und vor allem Bildern.

Alle einbeziehen

Dieses Beispiel beschreibt die Möglichkeit, auch die Familien der Kinder in ein Projekt einzubeziehen. Denn jede*r kann etwas, weiß etwas oder würde ein Projekt anderweitig unterstützen. Auf diese Weise kommen Sie diesen Ressourcen einen Schritt … ein Bild näher!

14. PROJEKTARBEIT

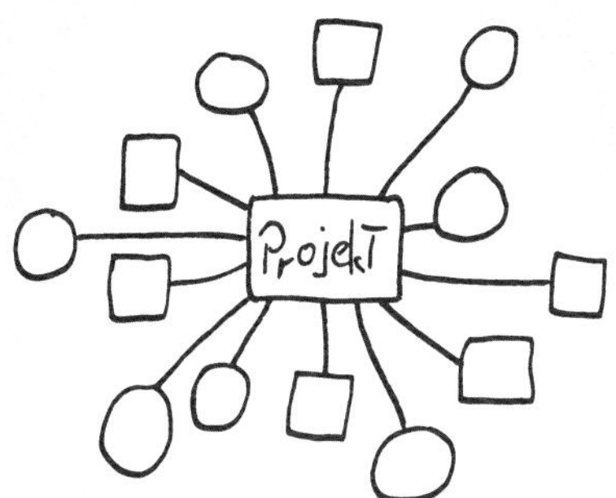

Ideen sammeln

Jedes Projekt profitiert von einer Übersicht darüber, welche Ideen dazu umgesetzt werden können und wo das Projekt hinführen kann. Auch hier ist die Verwendung von Bildern (der Kinder sowie von teilhabenden Erwachsenen) eine feste Möglichkeit.

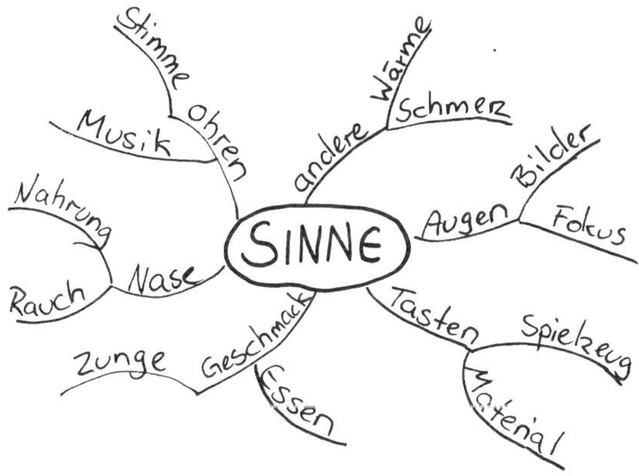

Mind-Map erstellen

Bevor es zu konkreten Projektumsetzungen kommt, kann eine Mind-Map eine Sensibilisierung für die Thematik ermöglichen. Auf visuelle Weise lassen sich spontane Gedanken festhalten und verbinden.

Projektverlauf dokumentieren

Wenn das Projekt erfolgreich angegangen wurde, verhilft eine Gesamtdarstellung zu einem Überblick im Verlauf – eine wunderbar kreative Form der Dokumentation und Teilhabe von allen beteiligten Akteur*innen.

15. UMFRAGEN

Umfragen im Kita-Alltag dienen

- dem Wissenserwerb
- der Transparenz (der Arbeit)
- der (Aus-)Wahlmöglichkeit
- der statistischen Erhebung
- der Abstimmung
- der Planung
- der Wissensverbreitung
- der Meinungsforschung
- der Partizipation
- der Freude
- der Anerkennung
- dem Miteinander

Die Abstimmung bzw. Wahl ist Bestandteil einer demokratischen Ordnung und gehört bereits im Kindergarten zum Methodenkoffer. Visuelle Abstimmungen machen es möglich, mit wenigen Worten auszukommen, was wiederum auch Familien mit Sprachbarrieren „anspricht". Bieten Sie den Eltern hierbei auch die Möglichkeit für eigene Ideen und Vorschläge. Somit können Familienausflüge auch als Idee für einen Kita-Ausflug genutzt werden.

Ausflugsziel am Mittwoch
Theater
Labyrinth
Werkstatt

Statistiken können wunderbar einfach sein und doch interessant wirken. Insbesondere geben sie Einblicke in die Kita, die sonst verborgen bleiben. Solche Informationen vermitteln Offenheit und Präsenz im Kindergarten. Und manchmal kann eine Statistik auch einfach als kleine Aufmerksamkeit betrachtet werden, die den Alltag von Kindern präsentiert. Beispiele dafür wären:

- Wie ist die Mädchen-Jungen-Verteilung im Haus?
- Wie viele Sprachen sind im Haus präsent?
- Wie viele Kinder der Kita haben wie viele Geschwisterkinder?
- Welche Spielzeuge sind am Spielzeugtag wie oft vertreten?
- Welche Kostüme waren zu Fasching wie oft vorhanden?
- Wie viele Kinder haben für welchen Ausflug gestimmt?
- Was sammelten die Kinder wie oft beim Waldausflug?

15. UMFRAGEN

Hier sind Ideen von Familien und Freund*innen gefragt, um den Kita-Alltag mitzugestalten. Das ganze Haus profitiert, wenn auf diese Weise Wissen und Erfahrungen (z. B. der Familien) verfügbar gemacht werden.

Welches Buch? Welcher Ausflug? Welches neue Spielzeug? Welches Essen? Welche Öffnungszeiten? Was für eine Couch im Elterncafé?
Es gibt vielerlei Fragen, die sich auch von Familien beantworten lassen.

Für eine Weiterentwicklung des Kindergartens lassen sich Möglichkeiten der Rückmeldung von Eltern nutzen. Auch im Zuge von Evaluationen und Qualitätssicherung sind Umfragen ein wichtiges Instrument. Die Familien dürfen auch erfahren, was als Ergebnis herauskommt.

16. AUSHÄNGE

WORUM GEHT'S?

Informationen wollen verbreitet werden. Ob Ausflugshinweise, der Tagesrückblick, die Erwähnung neuer Mitarbeiter*innen oder die Info über die aktuellste ansteckende Krankheit im Haus. Jedes Team will seine Informationen auf schnelle und transparente Weise an die Familien weiterleiten. Dafür gibt es meist im Foyer ein „Schwarzes Brett", was jedoch schnell zu einer bunten und wirren Zettelwirtschaft verfallen kann. Dieser verbreitete Umstand kann weiterhin so belassen werden oder in einem anderen Licht betrachtet werden. Also bevor Sie sich wundern, warum beim nächsten Schließtag einige Eltern scheinbar unwissend vor der verschlossenen Tür stehen, zaubern Sie Informationen ans Schwarze Brett, bei denen jede*r zum Hinschauen animiert wird.

SO GEHT'S

Passen Sie die Informationen den Lesegewohnheiten von Eltern an. Folgt die Zettelwirtschaft einer optischen Struktur? Lassen sich Inhalte farblich sortieren? Sind die Zettel ansprechend? Lassen sich wichtige Informationen sofort herausfiltern? Erreiche ich alle Familien?
Eltern lesen Aushänge und Informationen zumeist quer auf der Suche nach relevanten Punkten. Bilder, Zeichnungen und Farben unterstützen die Aufmerksamkeit für Ihre Aushänge

Wichtige Tagesinformationen sind schon beim Betreten der Kita klar zu präsentieren, wohingegen allgemeine und besondere Informationen ihren eigenen Platz finden sollten. Auch hier bietet sich wieder die Möglichkeit, den Kindern Informationen darzustellen, die sie ohne Hilfe „lesen" können. Eine Monatsplanung oder ein Tagesrückblick ermöglicht schon im Foyer einen gelingenden Eltern-Kind-Dialog!

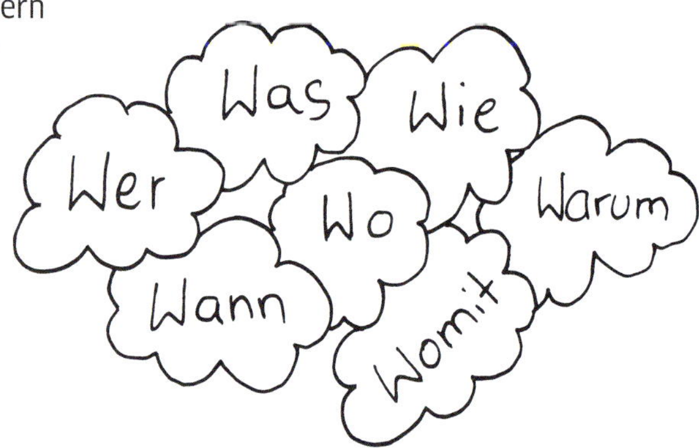

16. AUSHÄNGE

Verwandeln Sie Aushänge zu Eyecatchern, die gesehen und gelesen werden wollen.

16. AUSHÄNGE

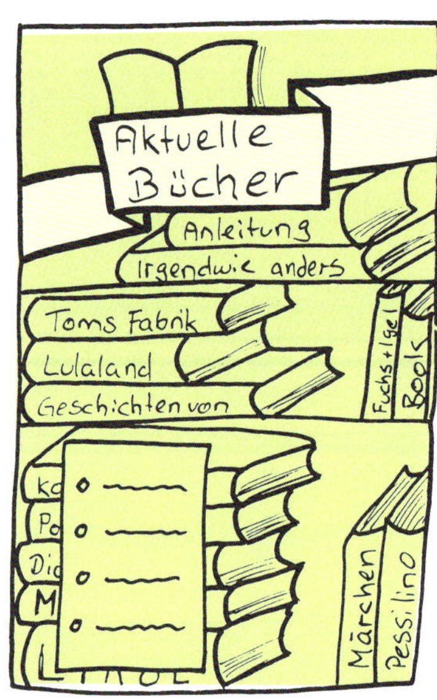

Tipp

Der Mensch ist ein Gewohnheitstier und dadurch auch blind für manche Gewohnheiten. Daher nutzen Sie immer wieder mal andere Farben und Schriftzüge. Im Überfluss der Informationen lenken Sie dadurch die Aufmerksamkeit auf die aktuellste Mitteilung. Oder drehen Sie den Aushang auch mal auf den Kopf und hängen ihn falsch herum auf. Solche Irritationen wirken manchmal Wunder!

17. GESPRÄCHSVORBEREITUNG

WORUM GEHT'S?

Gespräche sind in der Kita ein Alltagsgeschäft

- Mitarbeitergespräche
- Elterngespräche
- Personalgespräche
- Zielgespräche
- Teamgespräche
- Entwicklungsgespräche
- Konfliktgespräche
- ...

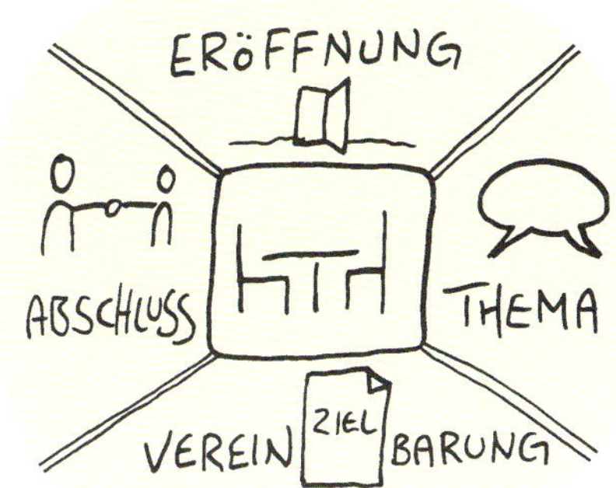

Bilder können Ihnen hierbei als Vorbereitungshilfe und Gesprächsorientierung dienen. Gerade in Konflikt- und anderen schwierigen Gesprächen ist eine klare Kommunikation notwendig. Visuelle Hilfen lassen sich als Zettelnotiz nutzen oder können an Wänden als „Hilfs-Notiz“ angebracht werden.

SO GEHT'S

- Legen Sie Ihre persönlichen Gesprächsvorbereitungen fest.
- Machen Sie sich bildhafte Notizen davon.
- Nutzen Sie Notizen als „Spicker“.

Holen Sie sich Meinungen anderer ein.

Laden Sie zu Gesprächen stets persönlich ein.

Bereiten Sie sich sorgfältig vor.

Schaffen Sie eine angenehme Gesprächssituation.

Sammeln Sie Beobachtungs- und Dokumentationsunterlagen zusammen.

18. KOMMUNIKATIONSREGELN

Kommunikation ist alles – alles ist Kommunikation! Daher ist das Erlernen, Beibehalten und stetige Überprüfen der eigenen Kommunikation Bestandteil täglicher pädagogischer Praxis – den Kindern, Eltern, Kolleg*innen, der Leitung, Besucher*innen und auch sich selbst gegenüber.
Eine gelingende Kommunikation ist kein Zufall, sondern benötigt bei Bedarf auch entsprechende Regeln und Tipps. Sich darin zu üben, ist ein fortwährender Prozess. Als Hilfestellung lassen sich für dieses wichtige Thema ebenfalls Bildkarten erstellen und vielfältig einsetzen: als veranschaulichende Methode in Konflikten, als Teamregeln im Raum, als Hilfestellung in Elterngesprächen oder auch als Erinnerung für einen selbst. Ein Blick genügt!

Seien Sie authentisch.

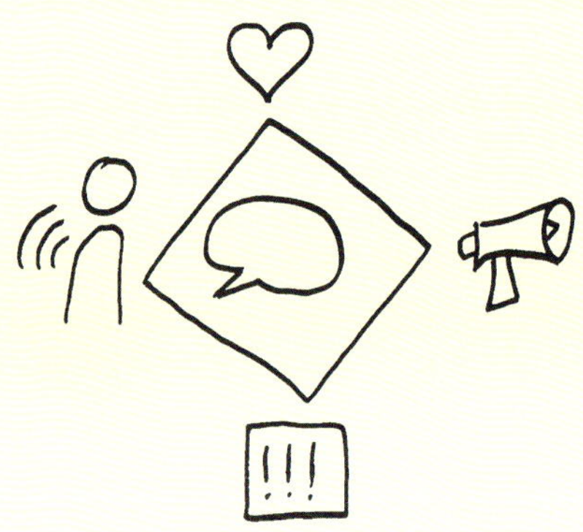

In jeder Kommunikation stecken die Ebenen der Beziehung, Selbstauskunft, Sachlichkeit und Selbstoffenbarung.

Spiegeln Sie Ihr Gegenüber.

Halten Sie regelmäßig Blickkontakt.

Seien Sie im Gespräch wertschätzend.

Haben Sie eine positive Grundhaltung zum Gegenüber.

Seien Sie empathisch und drücken Sie dieses aus.

Fassen Sie Gehörtes zusammen.

18. KOMMUNIKATIONSREGELN

Bleiben Sie beim Thema.

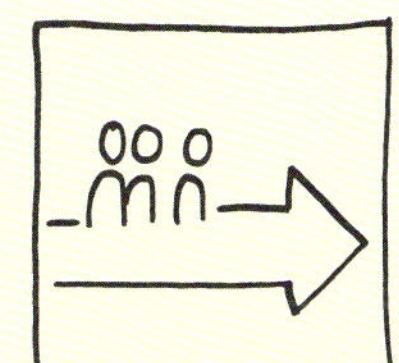

Finden Sie gemeinsame Ziele.

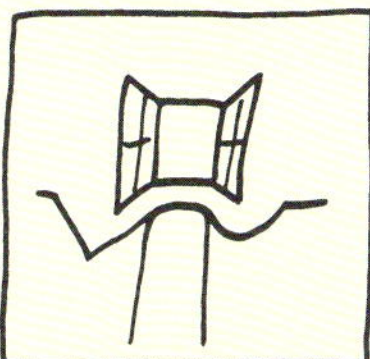

Seien Sie offen.

Reden Sie konkret.

Tipp
Für ein (schwieriges) Gespräch ist es hilfreich, wenn Sie Ihre wichtigen Kommunikationshilfen als Bilder im Hintergrund haben. Durch einen schnellen Blick haben Sie somit wieder alles „vor Augen".

Hinterfragen Sie Gehörtes.

Sorgen Sie für ausgeglichene Gesprächszeit.

Setzen Sie Prioritäten.

Stellen Sie offene Fragen.

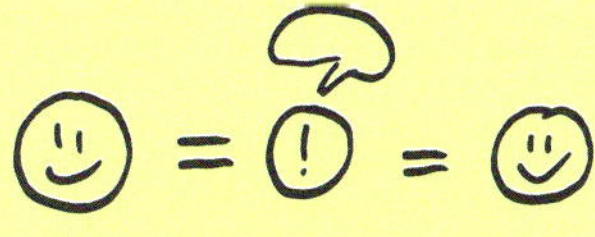

Schaffen Sie ein positives Gespräch.

Reden Sie in Ich-Botschaften.

19. DOKUMENTATION

Ein Soziogramm erstellen

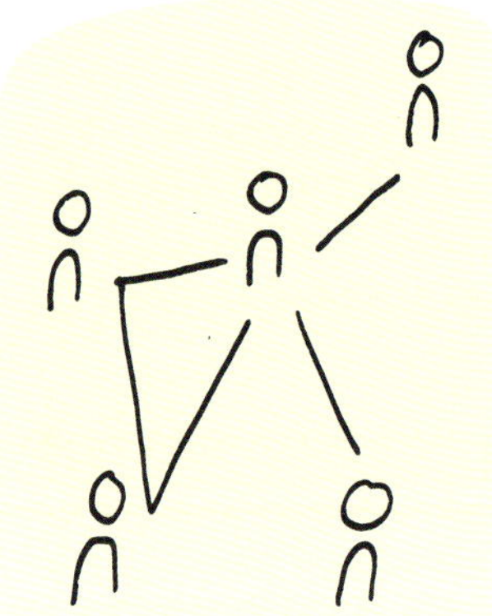

Anhand eines Soziogramms lassen sich Spielpartner*innen und Freundschaften von Kindern ermitteln.

- Stellen Sie das beobachtende Kind in den Mittelpunkt der Zeichnung.
- Beobachten Sie das Miteinander zwischen den Kindern.
- Notieren Sie auffällige Begegnungen des Kindes mit anderen.
- Stellen Sie die Beziehungen im Soziogramm durch Linien dar.

Meinungsbilder dokumentieren

Jede*r hat etwas zu sagen, lassen Sie Kinder zu Wort kommen. Familien freuen sich, die Aussagen ihrer Kinder wiederzufinden und im Kontext einer Gruppe zu erkennen. Diese Variante macht deutlich, dass auch Kinder bereits ein vielfältiges Meinungsbild zu einer Frage besitzen können.

Dokumentationskalender

Was haben wir in der Kita die letzten Wochen eigentlich gemacht? Ein Dokumentationskalender gibt auf einem einzelnen Blatt Auskunft über den Ablauf vergangener Angebote, Ausflüge oder Erlebnisse aus dem Kita-Alltag. Er wird nach und nach gefüllt, bis das Blatt voll ist. Ein neues Blatt beginnt und wird dem Kalender weiter angehängt. Der Kalender kann immer wieder Gelegenheit geben, ihn rückblickend zusammen mit den Kindern zu vervollständigen. Ist der Kalender voll, dann lässt er sich, zusammengefaltet, gut verstauen.

19. DOKUMENTATION

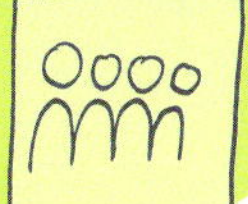

Zielverfolgung dokumentieren

Manche Prozesse brauchen konkrete Ziele, die sich etappenweise aufbauen und durch Meilensteine gekennzeichnet sind. Beispiele dafür wären die Durchführung einer spielzeugfreien Zeit, das Anlegen eines Hochbeets mit den Kindern oder die Etablierung eines konzeptionellen Schwerpunkts. Dafür lassen sich die Zwischenschritte in einem Zeitstrahl verdeutlichen. Notieren Sie sie mit den erreichten Ergebnissen.

Aktive Lernprozesse dokumentieren

Engagement im Spiel ist ein deutliches Merkmal von aktiven Lernprozessen.
Daraus lassen sich Interessen und Vorlieben von Kindern ermitteln. Anhand einer Tabelle werden diese besonderen Momente gesammelt und dokumentiert. Notieren Sie dabei die Tätigkeiten anhand kurzer Beobachtungsmomente im Alltag. Das können Spielmomente sein, Alltagshandlungen oder auch Momente spontanen Tuns.

Name	SPIELMOMENTE
ENGAGIERTHEIT	

Ausflugsdokumentation

Was waren die Stationen unseres Ausflugs? Was war besonders auffallend? Wo haben wir länger verweilt? Was hat uns beeindruckt? Wo sammelten wir unsere Mitbringsel? Eine mit Kindern gestaltete Ausflugsdokumentation lässt erkennen, wo der Weg an sich das eigentliche Ziel war! Nach Möglichkeit können auch hier Kinder die Inhalte mit Sketchnotes versehen.

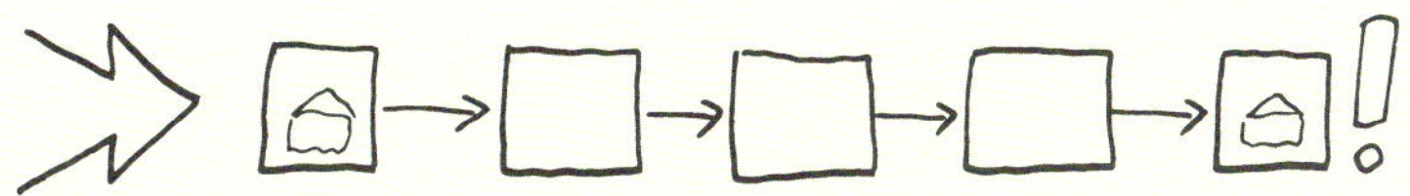

20. SOZIALRAUMDARSTELLUNG

WORUM GEHT'S?

Kindergärten besitzen einen inneren und einen äußeren Raum. Neben dem Kita-Alltag einerseits sind Ausflüge und Spaziergänge weiterer Bestandteil für die Kinder. Doch was verbindet eine Kita zusätzlich mit dem äußeren Raum? Mit welchen Institutionen gibt es Kooperationen? Was sind regelmäßige Ausflugsziele? Welche Netzwerkpartner*innen sind bekannt? Welche Kontaktstellen hat eine Kita, z. B. eine Hilfsorganisation oder kulturelle Einrichtungen? Kitas sind in ihrer Zusammenarbeit mehr als die eigenen vier Wände.
Eine visuelle Karte gibt eine schnelle Auskunft über all jene Fragen. Dabei können Karten der unterschiedlichsten Art entstehen:

Für Familien:

- andere Einrichtungen des Trägers
- Vereine/Kindereinrichtungen
- Kontakt- und Beratungsstellen
- Nachbarschaftshilfen
- kulturelle Einrichtungen
- öffentliche Einrichtungen
- Gemeinden/Kirchen
- Kooperationspartner*innen
- Arbeitsgemeinschaften
- Ehrenämter
- ...

Für das Team und den Träger:

- Netzwerkpartner*innen
- Fachberatungen
- Ansprechpartner*innen in anderen pädagogischen Einrichtungen
- Fach- und Hochschulen
- Therapeut*innen/Ärztinnen und Ärzte
- Jugendamt
- Förderstellen
- Arbeitskreise
- ...

Für die Kinder der eigenen Kita:

- regelmäßige Ausflugsziele
- wichtige Orte im Kiez
- Kooperationspartner*innen
- Lieblingsorte
- Spielplätze
- Schulen
- Orte für Kinder
- ...

Eine transparente Darstellung ermöglicht eine permanente Weiterführung, wenn jede*r eingeladen ist, das Netzwerk zu vervollständigen.

20. SOZIALRAUMDARSTELLUNG

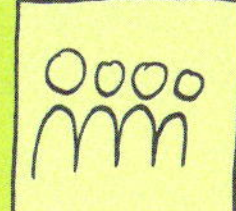

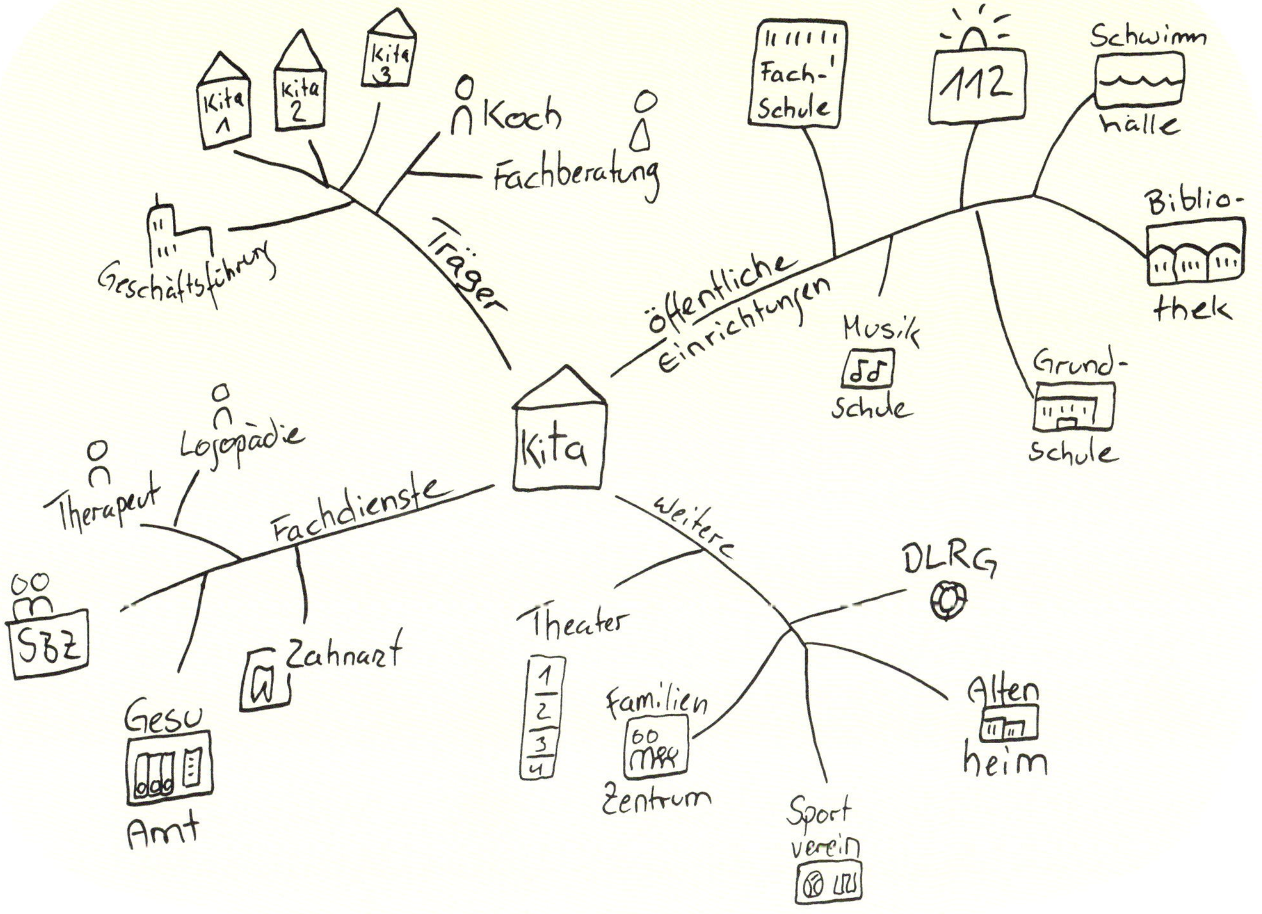

Kita 1
Kita 2
Kita 3
Koch
Fachberatung
Geschäftsführung
Träger
Kita
öffentliche Einrichtungen
Fach-Schule
112
Schwimm halle
Biblio-thek
Musik Schule
Grund-Schule
Fachdienste
Therapeut
Logopädie
SBZ
Gesu Amt
Zahnarzt
weitere
Theater
1 2 3 4
Familien Zentrum
Sport verein
DLRG
Alten heim

21. VORSTELLUNGSRUNDEN

WORUM GEHT'S?

Vorstellungsrunden gehören zu den wiederkehrenden Auftritten im Leben. Ob bei Weiterbildungen, Info-Abenden, Workshops, Personalwechseln, Austauschtreffen oder Kursen – überall wollen wir wissen, mit wem wir es zu tun haben, und so ganz nebenbei „lockert" sich die Stimmung in der Gruppe. Üblicherweise verlaufen Vorstellungsrunden nach einer simplen Abfolge. Es werden die wichtigsten Fakten präsentiert und gelegentlich mit kleinen Anekdoten oder Geschichten verziert. Diese Kernaussagen lassen sich auch prima in Form von Schaubildern darstellen, die mindestens vier Vorteile mit sich bringen:

- **Lebendigkeit**: ein individuelles oder vorgefertigtes Schaubild befähigt meist ein gelockertes Auftreten
- **Interesse:** Vorstellungsrunden mit individuellen Zeichnungen wirken mindestens doppelt so interessant
- **Nachhaltigkeit:** das sehende Auge kann länger Informationen verfolgen als das hörende Ohr
- **Zeitersparnis:** gerade bei größeren Gruppen sind Vorstellungsrunden sehr zeitintensiv. Daher lassen sich Steckbriefe mit visuellen Elementen als Alternative nutzen, die als Platz-Aufsteller ganz nebenbei von allen betrachtet werden können.

SO GEHT'S

Sie können vorgefertigte Musterschaubilder nutzen wie auch die individuelle Ausgestaltung einer persönlichen Vorstellung. Der Anlass und das Publikum sind hierbei entscheidend für den entsprechenden Inhalt:

- **Inhalte**: Was will ich mitteilen?
- **Infos:** Was ist relevant für die anderen?
- **Bonus:** Was will ich unbedingt mit angeben?
- **Spezialeffekte (z. B. Rahmen):** Welches Design ist ansprechend und welche Sketchnotes fokussieren das Wesentliche?

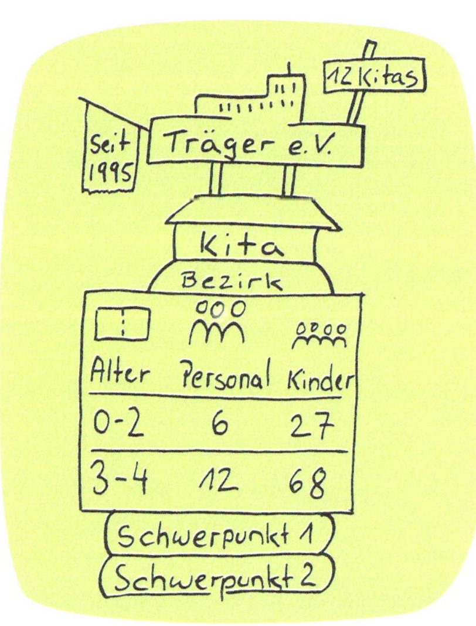

21. VORSTELLUNGSRUNDEN

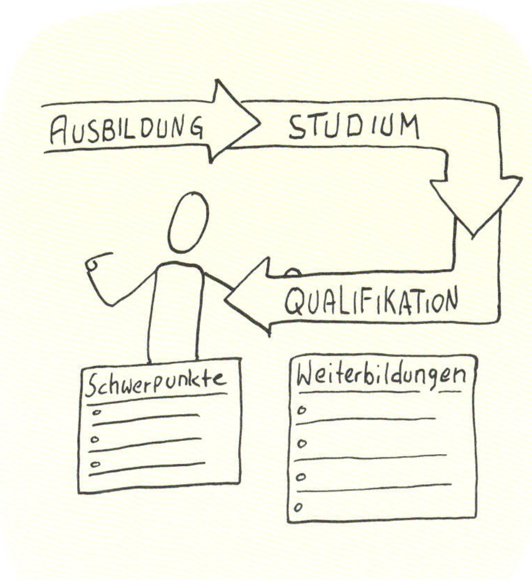

Berufliche Biografie

Kitas sind Einrichtungen mit multiprofessionellen Teams. Von Erzieher*innen über Quereinsteiger*innen bis hin zum*zur Hausmeister*in sind Personen unterschiedlichster beruflicher Profession aktiv.
Ein visueller Steckbrief zeigt auf einen Blick die berufliche Bildungsbiografie. Dadurch lassen sich Ressourcen für die pädagogische Praxis transparent darstellen.

Visuelle Steckbriefe sind einsetzbar für:

- ⇨ Aushänge für Familien
- ⇨ Vorstellungsrunden bei neuen Kolleg*innen
- ⇨ dauerhafte Steckbriefe für das Team
- ⇨ Kinder, wenn die Steckbriefe in Bilder übersetzt sind
- ⇨ Vorstellungsrunden bei Weiterbildungen etc.

Kompetenzerfassung

In der pädagogischen Arbeit lassen sich eine Vielzahl von Anforderungen und Aufgaben finden. Jede*r im Team hat dafür Stärken und Kompetenzen, die für das Team jedoch meist im Verborgenen liegen. Eine visuelle Kompetenzerfassung erkennt Kolleg*innen in ihrer beruflichen Stärke an und gibt anderen Einblicke, auf welche Ressourcen im Team sie bei Bedarf zurückgreifen können.

Eine Auswahl an Möglichkeiten:

- Sprachkenntnisse
- Vorlieben
- Wissensgebiete
- Stärken
- Berufsabschluss
- Kompetenzen

22. REFLEXIONSLANDKARTE

WORUM GEHT'S?

Bilder wecken Erinnerungen und Gefühle, regen unsere Fantasie und Kreativität an und bringen uns auf neue Gedanken. Sie helfen da weiter, wo die richtigen Worte (noch) fehlen. Mithilfe von Bildern bzw. Symbolen können Gedanken und intuitives Empfinden zur Sprache gebracht werden. Bilder und Symbole sind vielfältig einsetzbar: bei Veränderung, im Rahmen von Personalgesprächen, als Rückblick auf die eigene Arbeit, zur Selbstreflexion.

SO GEHT'S

- Erstellen Sie sich ein individuelles Schaubild.
- Je nach Rahmen und Anlass werden die Bilder und Symbole zusammen mit entsprechenden Fragen angeboten. Es können auch Bilder ausgewählt und zusammengestellt werden, die sich für eine spezielle Thematik eignen.

EIN BEISPIEL

Sonne
Was lässt Sie im Alltag strahlen? Was bringt Ihnen Energien, Tatendrang und Freude?

Hafen
Finden Sie für sich einen Hafen zum Anlegen? Wo(durch) laden Sie neue Energien auf?

Sinkendes Schiff
Was versinkt gerade, vergeht oder löst sich auf? Was wollen Sie loswerden?

Leuchtturm
Was oder wer gibt Ihnen Orientierung? Haben Sie für sich eine Orientierung?

Insel
Was sind Ihre Inseln des Alltags? In welchen Situationen würden Sie gern flüchten? Wo sind Ihre Tankstellen?

Wegweiser
Welche Ziele wollen Sie erreichen? Sind Sie auf dem richtigen Weg?

Hai
Wo im Alltag lauert für Sie Unruhe? Was macht Ihnen Angst bzw. bringt Unsicherheiten?

Luftballon
Was wollen Sie loswerden?

Bergspitze
Haben Sie den Überblick?

Regenwolke
Wo sehen Sie Probleme kommen? Was macht Sie unzufrieden?

22. Reflexionslandkarte

Schatztruhe
Welche Schätze sind in Ihnen?
Was muss unbedingt mal jemand wissen?

Boot
Wo hier im Haus ist Ihr Rettungsboot?
Wer im Haus führt das Boot für Sie?

Erweiterungsmöglichkeiten:

Flaschenpost
Wann ruft es in Ihnen nach Hilfe? Was fehlt Ihnen hier? Was muss unbedingt mal raus? Was muss mal jemand wissen?

Fischernetz
Was hält Sie gefangen? Was hindert Sie daran, voranzukommen?

Höhle
Was liegt für Sie hier noch im Verborgenen?

Parkplatz
Finden Sie Ruhe im Alltag? Was sind Ihre Stress-Regulatoren?

Sandburg
Woran bauen Sie gerade?

Trittsteine
Wo im Haus finden Sie Unterstützung?
Was gibt Ihnen in der beruflichen Entwicklung Halt?

Wald
Wann wirken Sie orientierungslos?

23. KONZEPTINHALTE

WORUM GEHT'S?

Konzeptionen sind unabdingbar, auch für Kitas. Sie machen transparent, was die Kita für wichtig hält, und fokussieren Abläufe in der Organisation. Konzeptionen sind gemacht für jede*n, der*die Interesse am Haus hat – von A wie „Amt" bis Z wie „zusätzliche Fachkraft". Doch nicht jede*r benötigt ausformulierte Konzeptionstexte und will dennoch wissen, was das Haus ausmacht. Daher lassen sich Kurzversionen für Familien und Interessierte verfassen.

Inhalte einer Konzeption lassen sich in Sketchnotes und visuelle Grafiken umwandeln. Das können einfache Bilder sein, aber auch aufwändigere Erklärungen, wie z.B. zur Aufsichtspflicht.

Auf diese Weise erreichen Sie ein schnelleres Verständnis und bringen bildhaft zum Ausdruck, wofür sonst stets Sätze gebraucht werden.

BILD VOM KIND

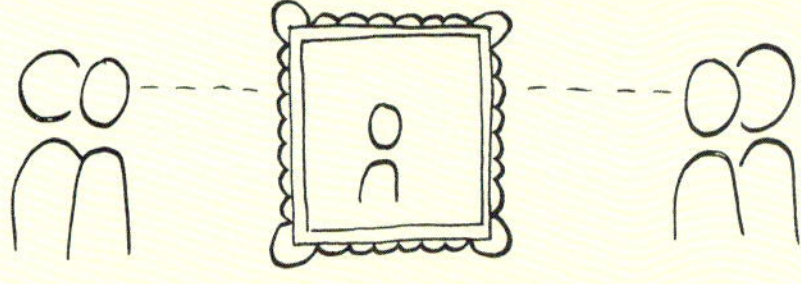

- ist ein aktives Wesen
- sucht Antworten auf Fragen
- gestaltet seine Beziehungen
- forscht und entwickelt
- ist einzigartig und wertvoll
- ist Akteur seiner selbst
- ist wissbegierig und neugierig
- ist ein soziales Wesen
- ist ein kompetentes Wesen
- ist Spezialist seiner Fähigkeiten
- ist Konstrukteur seiner Bildungsprozesse

KINDERRECHTE

ORGANISATION/SCHWERPUNKTE

23. KONZEPTINHALTE

Die Aufsichtspflicht ist ein Kernmerkmal in der pädagogischen Arbeit. Sie beschreibt Vorgehensweisen und definiert die eigene Arbeit in hohem Maße. Dennoch kann jede*r Mitarbeiter*in etwas anderes darunter verstehen. Ein Schaubild für den internen Bereich kann helfen, diesen Prozess zu verdeutlichen:

Die Aufsichtspflicht ist Teil der elterlichen Sorge, die vertraglich von Eltern an den Träger, an die Leitung und letztlich an das Personal weitergereicht wird.
Die Verantwortung wird dabei gleichermaßen von rechtlichen Vorgaben und dem pädagogischen Auftrag bestimmt, den jede Kita verfolgt.
Zu berücksichtigende Situationsfaktoren in der pädagogischen Praxis sind:

1. das Kind
2. die Gruppe
3. das Personal
4. die Aktivität
5. das Umfeld/Material
6. der pädagogische Grundsatz

Sie zusammen konkretisieren den Inhalt einer Aufsichtspflicht für den jeweiligen Moment. Zudem ist es eine persönliche Entscheidung, ob die Aufsichtspflicht wie ein Damoklesschwert über einem hängt („Ich steh mit einem Bein im Gefängnis und muss stets aufpassen!") oder ob die Möglichkeiten pädagogischer Arbeit wie ein Zauberstab für einen neuen und kreativen Umgang mit den Situationsfaktoren angewendet werden.

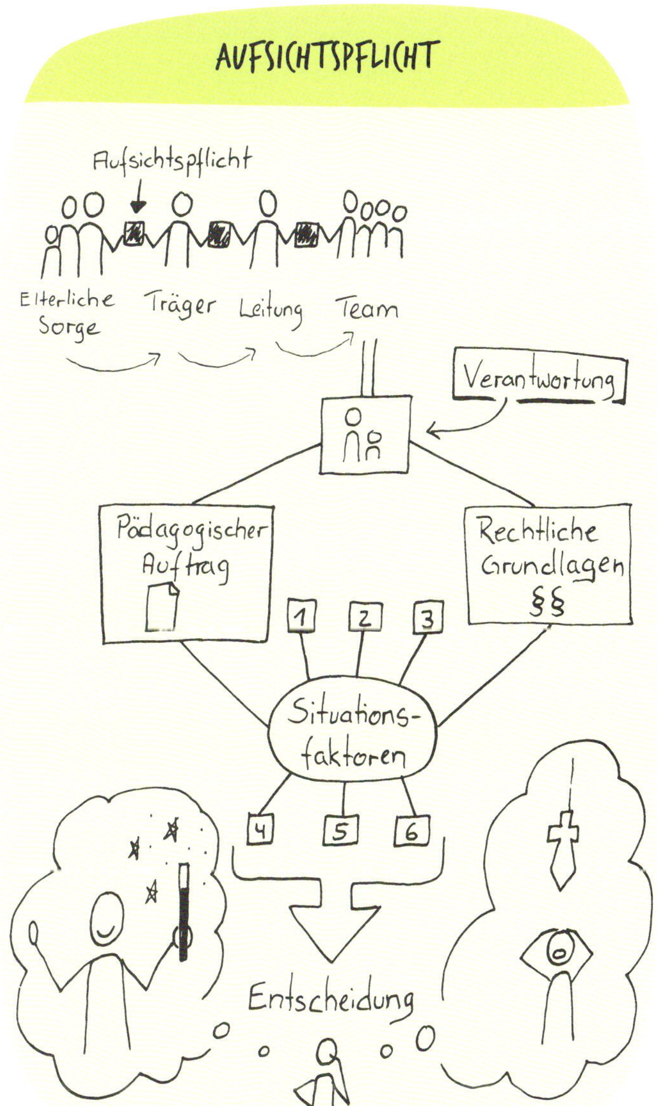

24. FLIPCHARTS

WORUM GEHT'S?

Teamberatungen haben einen besonderen Stellenwert in der Kita. Das Beisammensein aller Kolleg*innen regt in geselliger und beruflicher Atmosphäre Gespräche an. Die Gestaltung ist daher entscheidend für den Verlauf einer Teamberatung. Wie intensiv in solchen Teamgesprächen gearbeitet werden kann, hängt von vielen Faktoren ab: Zeit, Teamgröße, Themeninhalte, Beratungsturnus, Methodenauswahl ...
Eine kreative Flipchart-Gestaltung und visuelle Informationshilfen geben Teamberatungen Abwechslung und Motivation und helfen, Ergebnisse in eine Ordnung zu bringen. Die Verwendung von visuellen Hilfsmitteln ermöglicht der Leitung auch das Herausarbeiten von Problemen, Ideen und Lösungen innerhalb des Teams.

Anlässe für eine Teamberatung:

- ⇨ die Qualität der täglichen pädagogischen Arbeit fördern
- ⇨ den Austausch im Team fördern
- ⇨ Entwicklungen einzelner Kinder besprechen
- ⇨ konkrete Termine und Vorhaben planen und absprechen
- ⇨ Probleme im Team und Konflikte mit Eltern ansprechen
- ⇨ konzeptionelle und strukturelle Aspekte diskutieren

24. FLIPCHARTS

Flipcharts für das nächste Projekt

Ein neues Hausprojekt entwickelt sich.

- Welche Etappenziele umfasst diese Herausforderung?
- Was muss organisiert werden, auf welche Weise und bis wann?

Ein gemeinsamer Weg gliedert sich in Abschnitte, in denen sich Meilensteine finden lassen.
Eine klare Übersicht gibt Mitarbeiter*innen einen Überblick, um am Ball zu bleiben.
In jeder kommenden Teamberatung lässt sich diese visuelle Struktur neu betrachten, um einerseits das Ziel vor Augen zu haben und andererseits zu reflektieren, ob der gemeinsame Kurs noch stimmig scheint.

Flipcharts für die nächste Teamberatung

Teamberatungen dienen dem Austausch, der Zielfindung und auch der Organisation weiterer Verläufe. Eine visuelle Ergebnisstruktur sorgt für Klarheit in kurzer Benennung der Verantwortlichkeiten. Statt seitenlangen Protokollschreibens werden hierbei die wesentlichen Ergebnisse für einen Ausblick notiert.

24. FLIPCHARTS

Flipcharts für Diskussionen

Bleiben Sie am Thema dran. Doch welche Meinungsbilder gibt es zum Thema? Einzelne Aussagen der Mitarbeiter*innen oder Ergebnisse aus Kleingruppenarbeit lassen sich für einen Überblick visuell festhalten.

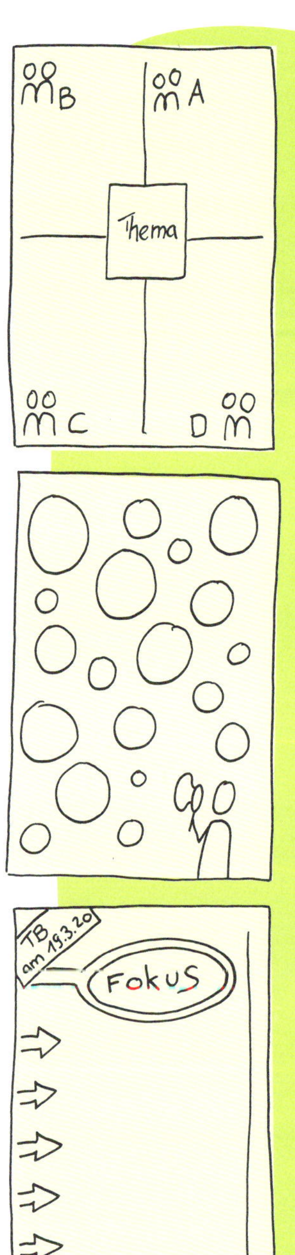

Flipcharts für Ideensammlungen

Jede Kita profitiert vom Mehrwert ihres Teams. Statt im eigenen Gedankenstrom allein zu planen, nutzen Sie eine Ideensammlung mit Ihren Kolleg*innen für weitere Ergebnisse. Die Größe der Seifenblase kann auch visuell dafür genutzt werden, die Bedeutung und Wichtigkeit hervorzuheben: kleine Blase = kurze Bemerkung, große Blase = besonders wichtig.

Flipcharts für die Strukturierung

Teamberatungen bieten Anlass für Kommunikation und Verständigung. Umso mehr Teilnehmer*innen es gibt, desto größer ist die Wahrscheinlichkeit, abzuschweifen und unwesentliche Themen zu diskutieren. Eine klare Struktur von Zielen in Beratungen lassen die Hauptanliegen für einen gelingenden Abschluss zu Wort kommen. Das Team erfährt zuvor die Inhalte und kann ebenso im Vorfeld seine wichtigsten Punkte und Anliegen benennen. So bleibt jede*r gesehen und gehört.

Flipcharts für Prozesse

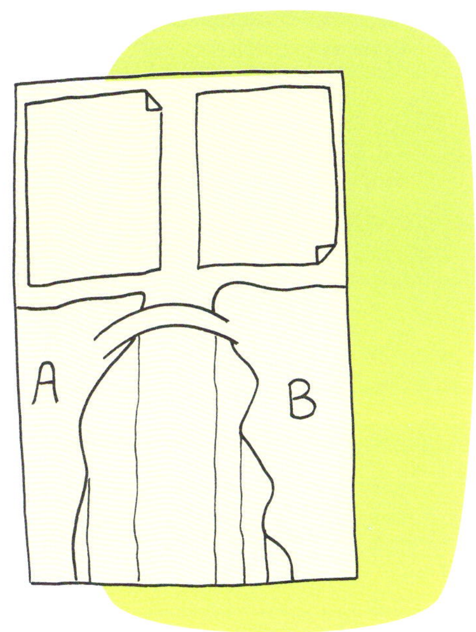

Viele Prozesse und Vorhaben besitzen eine Seite der Theorie (das „Was“) und eine Seite der Praxis (das „Wie“). Für eine gelingende Umsetzung ist der Abstand zwischen beiden Ideen zu überwinden. Eine Brücke steht für die Umsetzungsideen, um von der Theorieseite auf die Seite der Praxis zu gelangen. Was ist dafür notwendig? Welche Fähigkeiten lassen sich im Team dafür finden? Wer übernimmt welchen Part? Bei Bedarf kann auch ein Zeitplan mit konkreter Verantwortung im Team den Prozess vorantreiben.

Flipcharts für Problemanalysen

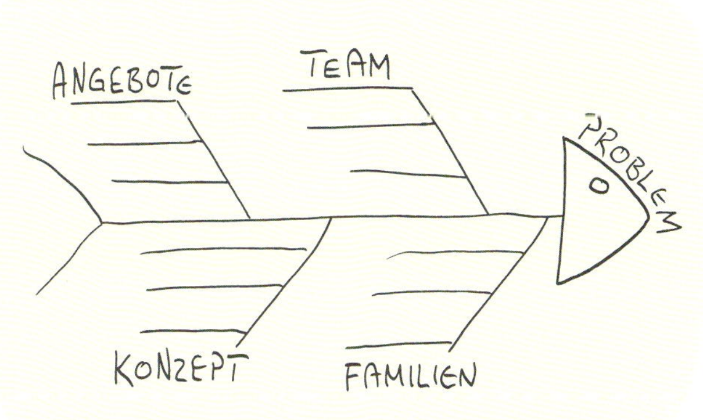

„Der Fisch stinkt vom Kopf her“, sagt eine Redensart. Für Problemanalysen eignet sich diese „Fischgrätengrafik“ nach Ishikawa. Das Problem wird identifiziert und nach möglichen Einflussfaktoren analysiert (Team, Konzept ...). Unter jedem Faktor werden konkrete Beispiele aus der Kita benannt, um der Ursache näher zu kommen. „Problem erkannt, Gefahr gebannt!“

25. DAS KIND IM FOKUS

WORUM GEHT'S?

Entwicklungsgespräche oder auch Fallbesprechungen sind Anlässe, bei denen Kinder im Zentrum einer umfassenderen Beschreibung stehen. Dabei lassen sich Bereiche beleuchten, die mit dem Kind im Zusammenhang stehen, um ein umfassenderes Bild vom entsprechenden Kind zu bekommen.

SO GEHT'S

Ermitteln Sie die Bereiche, die für eine fokussierte Betrachtung infrage kommen sollen, wie etwa Familie, (Spiel-)Freundinnen und Freunde, Spielverhalten oder auch Beobachtungen von Kolleg*innen. Es können auch weitere Bereiche hinzugefügt werden.

Setzen Sie das Kind in den Mittelpunkt einer Grafik und ordnen Sie drum herum die entsprechenden Bereiche an. Dadurch lassen sich schnell in übersichtlicher Weise die dazugehörigen Informationen sammeln und veranschaulichen. Eine solch ausgefüllte Grafik lässt sich weiter im kollegialen Austausch nutzen.